AF542682

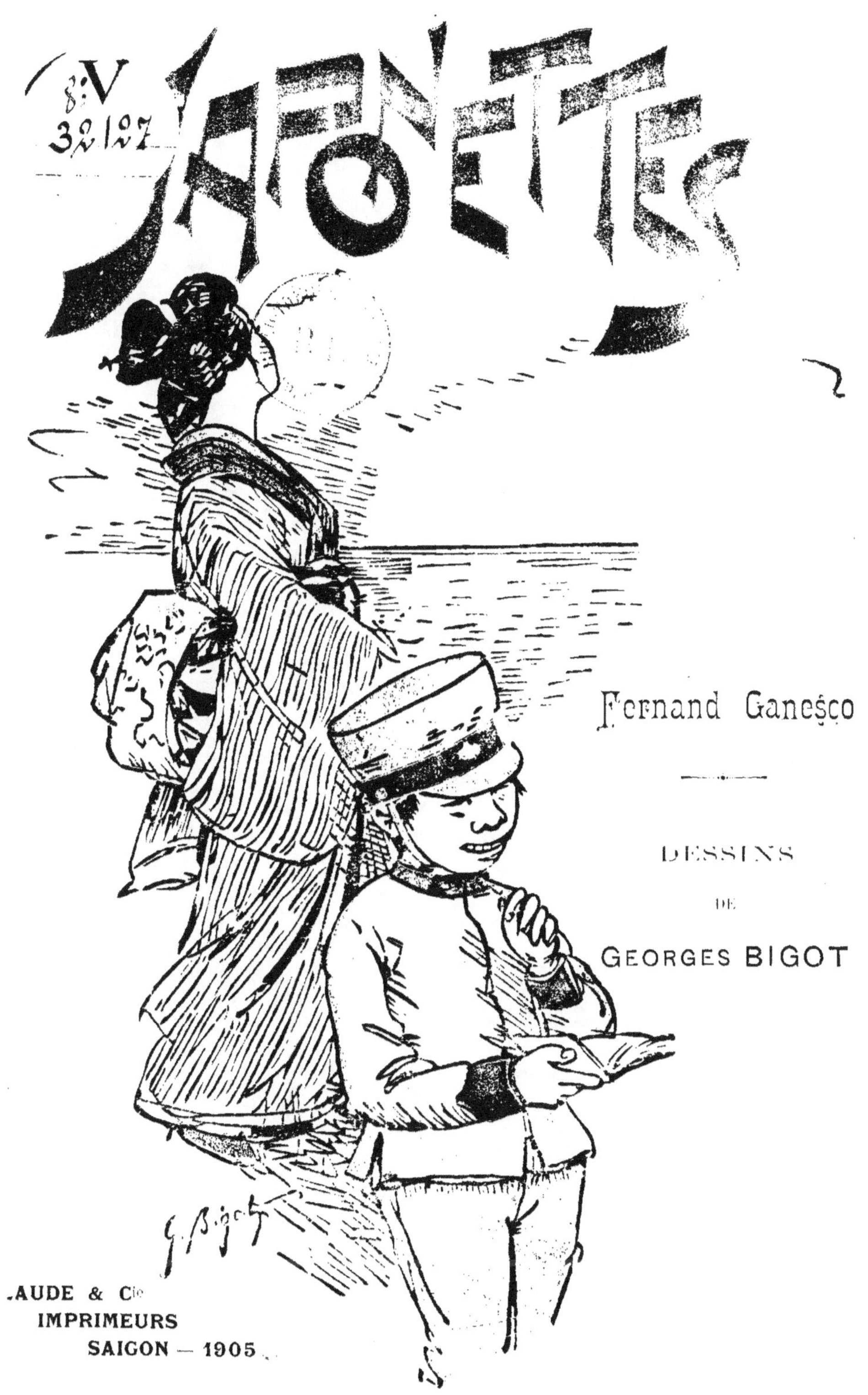

# JAPONETTES

Fernand Ganesco

DESSINS

DE

GEORGES BIGOT

.AUDE & Cie
IMPRIMEURS
SAIGON — 1905

# JAPONETTES

# JAPONETTES

## SILHOUETTES ET PROFILS

### 1895-1904

Nous venons de passer un hiver vraiment délicieux. Six mois de printemps sous un ciel sans nuages. Nice, Monte-Carlo, Le Caire ! * A quoi pense donc notre vieille Cochinchine ? Saigon, caressée du matin au soir, par une brise capricieuse, voit circuler dans ses vastes avenues aux dômes de verdure des gens heureux de vivre. Satisfaits d'aujourd'hui, ils attendent demain sans impatience. Et le bonheur plane partout, sur la ville et sur la campagne. Aussi, on ne se contente pas de rêver ! On bâtit et l'on plante. Ce lointain pays n'est plus, il semble, comme jadis, la colonie où l'on passait bien vite, comme en rasant

* Les années se suivent et ne se ressemblent pas... Cette peinture idyllique ne doit guère être comprise des victimes infortunées de l'horrible saison que nous subissons en ce moment encore : Typhons, inondations, cyclones et de la pluie depuis huit mois... Tel est le bilan de l'année qui s'en va au milieu des regrets laissés par sa jolie devancière !

les murailles, de peur d'être attrapé en route par la Mort dont les jambes ici sont si longues........ Il s'agit bien de mourir ! Vivons d'abord, puisque tout nous y convie. Le Tour d'Inspection nous réserve encore bien des joies et le Jardin Botanique n'a pas dit tous ses mystères. Déjà des couples s'enlacent emportés par la gaieté qui se dégage de cette nature en fête. Profitons de l'heure légère. Profitons-en, que diable, on s'égorge à nos portes !

Et les papotages d'aller leur train chez Mme Wirth, l'aimable marchande de bonbons et de frivolités de la rue Catinat. — « Comment avez-vous trouvé Paz dans des Grieux ? — « Bien. Mais que la dinde qui jouait Manon est donc désagréable ! » — « Vous savez que la petite femme de notre ténor ne dérage pas ! » — « Et pourquoi ? — « Dame, mettez-vous à sa place, il a été obligé de se couper les moustaches ! » « Il me semble, lui a-t-elle dit, en rentrant du théâtre, que je te trompe avec un homme que je n'aimerais pas ! » — « La belle affaire ! » — « Mais, voyons, ça doit être très gênant..... la première fois ... « On s'y fait »... ! — « Je me connais, je ne m'y ferais jamais. » .. — « Quelle idée ! » — Vous avez vu les Russes naturellement ! — « Les Russes de la guerre ! » « Ne m'en parlez pas, ma chère, ils étaient dans l'avant-scène du Gouverneur général et les femmes les dévoraient des yeux, pensez donc des héros ! » — « Qui heureusement savent rester des hommes. Demandez plutôt à la petite Niette. L'histoire court la ville. Son régisseur lui reprochant de ne plus assister aux répétitions elle s'est écriée : « Zut à la fin ! je ne puis pourtant pas être à la fois au théâtre et aux Russes ! » Alors, depuis ce jour, ses petites camarades jalouses ne la dénomment plus que

Niette la Rustique. — Mais, je vais vous croquer toutes vos pralines, donnez-m'en donc une livre. »

Le ton est plus austère chez l'ami Claude,* le libraire des gens de qualité ! On y fait volontiers des conférences en feuilletant les livres et en parcourant les journaux. On y parlotte, à tort et à travers le plus souvent. — « Quand ils auront pris Port-Arthur, mon vieux, je vous paierai des mangues. » — « C'est le dernier de Lorrain ! » — « Oui et d'un roide » — « Vous, vous en êtes resté à M^me^ Desbordes-Valmore ! » — « *Ituri te salutant !* » — Oh, si vous parlez grec maintenant ! — Votre foie vous laisse donc tranquille ? — « Sauvé, mon cher, je suis sauvé, grâce au Temou-Lawa ! « — La liqueur de Postal ? » — « Vous l'avez dit. » — « Mais je croyais que Postal vendait des monuments funéraires ! Singulière façon de comprendre ses intérêts ! » — « Il va renoncer aux morts ; les vivants décidément lui rapportent plus. Il s'arrache les cheveux devant ses monuments invendus. « Heureusement qu'il ne perd jamais la Carte, Postal ! » — « La faute initiale, voyez-vous, provient de l'inaction de l'amiral Stark à Port-Arthur. On vient de lui fendre l'oreille. Il ne l'a pas volé ! — « Et toujours pas de nouvelles ! » — « Mais si, mais si, l'agence d'Havas, toujours joyeuse, nous informe que M. Delcassé sera reçu à Rome par Merry Delval » « Mary Delval, encore une femme ! » — « Crétin, ce n'est pas une femme puisque c'est un cardinal ! » — « C'est toujours de la politique de robe et cela ne me dit rien qui vaille » — « Vous connaissez la dépêche qui est arrivée hier de Pétersbourg ? Le Commandant Roudneff est nommé Aide de Camp de

* La plus noble compagnie se rencontre également à la librairie Brunet.

l'Empereur. » — « Bon dans la pipe ça ! – « Dites donc, patron, je « prends *la Maîtresse du Prince Jean !* » — Tiens « un coup de canon » — « Un navire qui salue la terre » – « Ou bien les Japonais qui viennent nous prendre. » — « Dites donc, dites donc, on serait prêt à les recevoir »....« Vous venez dîner ? » .... « Volontiers. La guerre, voyez-vous, moi, ça me creuse !

Des événements qui se passent en Corée et en Mandchourie, voilà à peu près tout ce qu'en savent les malheureux Européens de Cochinchine que leurs parents, amis et alliés de France s'obstinent à vouloir considérer comme les spectateurs des loges privilégiées. Rien n'est plus propre à faire des importants qu'une guerre dont personne ne connaît le premier mot. Aussi, regardez autour de vous. Des gens d'ordinaire placides vous ont des airs de conquérants. Ils parlent de la guerre avec animation, développent des plans de campagne, prennent des villes d'assaut et des territoires en courant. Ces braves à trois poils jouent en somme un rôle assez ridicule mais tout à fait inoffensif. Ils sont victimes de leurs correspondants d'Europe qui, par chaque courrier, leur écrivent : « Nous pensons bien à vous et nous nous figurons assez vos tribulations au milieu de ces graves événements..... ou bien : « Cette guerre Russo-Japonaise a dû modifier vos projets ; il est clair que vous ne pouvez songer à vous absenter en un pareil moment..... ou bien encore, comme il m'a été donné de le lire..... « Toute la famille se rappelle à votre bon souvenir et vous recommande surtout de ne pas commettre d'imprudences ! »

Comment, je vous le demande, pourrait-il en être autrement ? Les journalistes eux-mêmes — je parle de ceux qui sont « *on the front* » se trouvent réduits aux hypothèses. Ils suivent les opérations de la guerre Russo-Japonaise avec un bandeau sur les yeux et du coton dans les oreilles. Ils ne doivent ni voir ni entendre. Ainsi le commande la prudence de ces belligérants qui, ennemis sur le champ de bataille, se retrouvent du moins frères pour bâillonner la presse et briser la plume des écrivains. Alors, ceux qui ne savent rien essaient de comprendre ; les plus malins devinent ; les moins délicats inventent. Ignorance, devinettes, inventions, voilà bien en effet les matériaux avec lesquels nous travestissons l'histoire de la guerre qui se déroule à nos portes. Combien je comprends alors les correspondants qui, comme mon camarade Stephan Webster, essaient de faire saisir les choses du présent en racontant les aventures du passé !

Commodément assis dans un bon fauteuil, je viens précisément de relire le récit de la prise de Port-Arthur en 1895 par les troupes du Mikado. J'ai retrouvé aussi dans un vieux cahier de notes des impressions profondes recueillies sous les murs de Wei-Hai-Wei. Je me suis alors rappelé que, moi aussi, pendant de longs mois, sur les champs de bataille et dans les camps, j'avais eu l'honneur d'être le compagnon de ces guerriers valeureux qui rêvaient déjà de prendre le monde d'assaut. On riait volontiers à l'époque des rodomontades de ce Petit-Poucet jaune, visiblement gêné dans ses bottes de Sept lieues. Depuis, Petit-Poucet s'est fait Ogre. Et il va sans peur au-devant du Loup !

Des amis, assurément très indulgents, voulurent bien prendre plaisir jadis à la lecture du petit livre que je présente aujourd'hui au public et que l'admirable artiste qu'est Georges Bigot daigna illustrer de son magique crayon. C'étaient pour la plupart de vieux résidents du Japon. Ils y avaient passé la plus grande partie de leur vie. On comprendra que l'approbation de personnes aussi autorisées me fut précieuse entre toutes. Je dois vraiment beaucoup à ces aimables compatriotes. Ils m'ont appris à déchiffrer un peu la mentalité du peuple japonais. Ils m'ont enseigné que le grand art, dans ce pays surtout, consiste à traiter sans gravité les affaires les plus sérieuses. Ils m'ont conseillé enfin de conserver toujours, en parlant des choses nippones, ce don éminemment parisien : « le sourire ». J'ai conservé le mien sans effort, et je me permets de le communiquer à mes contemporains sans prétention. On veut bien m'assurer que ces quelques pages, écrites il y a dix ans, sont plus que jamais d'actualité malgré la guerre, la poudre et les canons. L'actualité, n'est-ce pas un peu la jeunesse de ces sortes d'ouvrages ? Heureux les livres qui peuvent se conserver sans rides et se retrouver sans cheveux blancs ! Rester jeune, c'est encore le meilleur moyen de se faire beaucoup pardonner. C'est parfois aussi la plus sûre façon de se faire un peu aimer.

Fernand GANESCO.

Saigon, Août 1904.

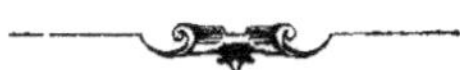

# PRÉFACE

A Messieurs F. Ganesco et G. Bigot.

Mes Chers Amis.

A quoi bon écrire des préfaces ? Vous savez que, systématiquement, certains lecteurs les lisent, et certains autres les sautent, également persuadés que le "préfacier" se paie la récréation gratuite de refaire en quelques lignes concentrées l'ouvrage qu'un ami confiant l'avait prié de présenter au public. — Vous me dites que ces groupes ne sont pas tout le monde, et même que la majorité est généralement friande de connaître, avant de subir directement l'impression d'une œuvre, l'opinion qu'en a conçue un des familiers de l'auteur.

Honni soit qui mal y pense !

Il est des gens qui ne mordent pas et qui portent les ongles rognés court. Il est même de vrais camarades et des amis capables de contribuer à un succès et de s'en réjouir sincèrement.

Et puis, vraiment, votre joli livre où le talent du dessinateur commente et souligne si heureusement dès la couverture, la spirituelle malice de l'écrivain, a-t-il besoin que quelqu'un le présente ?

Vos deux noms suffisent à qui, pendant la dernière guerre, a lu le *Figaro* ou le *Graphic*, à qui a feuilleté soit le *Tobae*, soit un des nombreux albums qui, par la largeur et la précision du dessin, sont d'exquises œuvres d'art, par la finesse et l'exactitude de l'observation, de véritables documents humains Japonais.

Et ce « qui » là c'est tout le monde ou à peu près. On lira votre texte, on regardera vos planches et on vous placera dans la bibliothèque, au bon coin, à portée de la main, où l'on range les amis dont on ne se fatigue pas. Vous servirez souvent à oublier la pluie, ou à prendre, gaiement, au coin du feu, une revanche bien française des grincements du *samisen*

Alors que puis-je faire ?

Le conseil municipal de Quinquendonne, embarrassé par le docteur Ox et son préparateur Ygène, s'est tiré d'un mauvais pas en décidant qu'il ne décidait rien. Certaines cours de justice auraient parfois été bien inspirées en rendant semblables arrêts. Moi, pauvre, je n'aurais qu'à déclarer que je ne déclare rien et laisser au public le soin de faire à votre nouveau-né l'excellent accueil qu'il mérite.

Ce serait la sagesse. Mais un journaliste ne peut pas garder pour lui ses réflexions.... Et puis la préface ? Conrard n'en a jamais commis une... Bon gré mal gré donc, il faut risquer une opinion. Peut-être les Japonais ne prendront-ils pas texte de là pour demander ma tête en même temps que les vôtres ?

Vous n'avez pourtant pas composé une satire vinaigrée, poivrée et pimentée comme une salade de créole ? Le Français n'a pas l'âme aussi noire, même quand il blague des amis.

Néanmoins, vous êtes de grands coupables; et vous allez comprendre que votre cas est des plus graves et qu'il faut vraiment être votre ami pour s'embarquer dans votre galère.

Vous n'avez pas dit que les nudités étalées librement dans les rues des villes japonaises sous le moindre prétexte, atmosphérique ou autre, sont souvent inesthétiques et faites à souhait pour rendre chaste ou dégouter du nu. Vous avez tout bonnement ri, mais contagieusement, des airs effarouchés de ce peuple, en immense majorité sans culotte, devant un vertébré féminin qu'on aurait baptisé à Paris la Vénus du Père Lachaise... Alors...? Oh ! attendez !

Vous n'avez même pas trouvé « shocking » ! que la récente guerre ait enroué tant de crieurs de « banzai ! »

fait hausser le prix des drapeaux, banderoles, lampions, accordéons et images coloriées, sans inspirer une œuvre sérieuse à un des artistes indigènes que nous avons vus à l'armée. Et vous avez épargné des fabricants de toile peinte qui, confondant balai avec pinceau et badigeon avec peinture, ont commis, sous le nom de Panoramas de Port-Arthur et de Weï-Haï-Weï, deux des horreurs les mieux venues qu'offre la collection des contrefaçons européennes à la quatrième Exposition Nationale de Kyoto (Japon.)

Alors qu'avons-nous fait ? direz-vous.

Les Japonais répondront : Vous allez entendre une belle explosion de protestations indignées contre votre jugement sur l'état actuel de l'Art en ce pays. Vous dites sérieusement, sincèrement et hautement, que l'Art Japonais est en décadence ; qu'il produit routinièrement des oies, des canards, des cailles, des samouraïs en marche ou en train de combattre, des dragons vomissant abondamment du vermillon et de l'encre de Chine, des corbeaux clignant un œil tendre à d'invisibles charognes, des sages dolichocéphales, des bronzes ventripotents et des Bouddhas figés dans la béatitude de leur sourire égynétique.

Vous relevez, avec verve, le manque d'inspiration, la froideur de ces sujets convenus et traités sans conviction par des ouvriers d'Art moins habiles que leurs devanciers. Vous démontrez qu'ils sont en train d'oublier ce qu ils savaient et sont loin de connaître l'Art européen que quelques-uns ont la prétention d'avoir appris. Vous les avertissez que le mouvement forcené qui emporte le Japon tout entier, loin de toutes ses traditions, vers la contrefaçon littérale et plus ou moins adroite des modèles blancs sera mortel pour les artistes qui devraient être défendus contre les entraînements moutonniers par leurs habitudes d'intellectualisme !

Vous essayez même de les mettre en garde contre la manie de jouer au soldat en suggérant qu'en devenant une monarchie militaire ou politique conquérante, le Japon a tout à perdre et bien peu à gagner. Vous avez fait votre possible pour avertir des mille difficultés qu'on rencontre en jouant imprudemment avec les choses européennes nos amis les Japonais qui impriment gravement dans un document officiel : " *y compris quelques bœufs dont le sexe est inconnu.*" *

Voilà votre crime et voilà ce qui est *Shocking au Japon !* Ah ! mes amis ! Que de regards flamboyants vont éclairer les bésicles vertes et les lunettes à verres fumés de Mesdemoiselles Omaé Souki, Anata Sourou, et de Messieurs Hanno Né et Watakouchi Wakarimasen ! Les Japonais apprendront à leur petits enfants vos noms pour les maudire !

Combien comprendront que vous leur faites entendre, sous la forme d'une critique joyeuse et bon enfant les plus nécessaires avertissements et les plus sages conseils. Ils sont tellement habitués aux flatteries exagérées qu'ils n'apprécieront ni le courage qu'il a fallu à deux esprits indépendants pour soutenir une thèse isolée et absolument contraire aux idées reçues, ni le sentiment d'amitié qu'atteste ce combat contre un préjugé tenace.

Et je crains qu'ils ne refusent d'admettre que la fraternité contractée avec leurs soldats autour des feux de bivouac, ou des gamelles, et sous le feu des Chinois, ne diminue en rien votre droit imprescriptible de voir clair, de juger juste et de dire franchement la vérité.

Ceci, c'est une idée blanche et, ma foi "Nibonochto" "Wakaranai."

En attendant avec résignation le triste sort auquel nous nous exposons de compagnie, je vous serre bien cordialement, la main, en vous félicitant chaudement l'un et l'autre, et en vous souhaitant, en toute sincérité, le bon et nombreux public que mérite votre livre si français de langue, d'allure et d'esprit.

VILLETARD DE LAGUERIE,
*Correspondant du "Temps."*
Professeur d'Histoire de l'Université de France.

Yokohama, 5 Juillet 1895.

---

* Résumé Statistique de l'Empire du Japon, tableau N° 10, page 28, 24e année de Meidji (1895).

# DE L'ÉVOLUTION DE L'ART
# DANS L'EMPIRE DU SOLEIL LEVANT

---

Un jour que j'étais en visite à Tokio chez un ancien ministre, la conversation tomba sur les Beaux-Arts.

— « J'ai beaucoup voyagé, me dit l'Excellence déchue, et je connais particulièrement bien Paris. J'y ai rencontré partout des admirateurs enthousiastes de l'art japonais, et je ne crains pas d'affirmer que Paris est la ville du monde qui a le mieux compris peut-être nos différentes manifestations artistiques. Pensez-vous, Monsieur, que l'on continuera longtemps encore à nous aimer chez vous ? »

— « Pensez-vous, Monsieur, que l'on continuera longtemps encore chez vous à nous envoyer des chefs-d'œuvre ? »

— « Hélas ! répondit en soupirant mon très honorable interlocuteur, si vous aimez le Beau faites-en bien vite provision. Du train dont vont les choses nous n'aurons plus le droit dans vingt ans d'ici de réclamer votre admiration. L'Art japonais se meurt. Et c'est nous, j'entends les hommes de ma génération, qui lui fermerons les yeux. »

A ce moment quelqu'un interrompit notre illustre hôte. C'était un jeune homme serré dans une redingote à la dernière mode, qui s'était jusqu'alors montré fort loquace. Abordant tous les sujets il prétendait briller dans tous les genres. Il avait déjà parlé de la religion comme un père de l'Eglise, des lettres comme un recteur de Faculté, il voulut de nouveau pérorer :

« Pourquoi jeter, dit-il, ces cris d'alarme ? Notre art national n'est pas prêt de disparaître. Il ne subit même pas d'éclipse. Il ne fait qu'obéir à la loi du progrès dont relèvent ici-bas toutes choses. Nos artistes suivent l'impulsion générale, rien de plus ; ils quittent les chemins battus pour chercher des routes nouvelles. Où est le mal ? Consolez-vous donc de les voir abandonner ces *vieilleries* (il montrait du doigt de superbes *kakémonos*) ; ils vous donneront autre chose, n'ayez crainte. Nos artistes marchent avec leur époque et sont fils de leur temps. Ne manquez pas de visiter à l'exposition de Kioto la section des Beaux-Arts. Vous verrez alors ce que nous savons faire. »

L'orateur sortit. Dès qu'il eut le dos tourné, je demandai aussitôt : « Quel est ce Monsieur » ?

— « C'est un peintre, » dit quelqu'un.

— « C'est un imbécile, » répondit un vieillard.

Je m'en étais un peu douté. Les *vieilleries* traitées avec un si joli dédain par cet insupportable bavard étaient là, sous mes yeux. Sur un paravent datant d'un siècle, une famille de cigognes nous livrait son intimité. Le père, un philosophe sans doute, reposait sur une patte et rêvait. Sa compagne, tout entière aux soins du déjeuner, pêchait à grands coups de bec dans un étang voisin, tandis que les enfants, suspendus dans les airs, jouaient avec la brise. Le ciel d'un rose de chair, s'harmonisait à merveille avec l'impeccable blancheur de ces cigognes que les caprices du vent, demain, emporteraient ailleurs. De peur de les voir s'envoler on se tenait à distance, n'osant pas s'approcher de ces oiseaux que l'on sentait prêts à partir. Plus loin, sur des écrans magnifiques, un paon étincelant faisait la roue au soleil ; un coq habillé d'or, les plumes étalées et la crête en panache, passait ses cocottes en revue ; ailleurs encore, sur des bouquets d'érables qui empourpraient le paysage, de gros papillons noirs, — de ces papillons aux robes de velours — dansaient une ronde éblouissante. Impossible d'imaginer quelque chose de plus frais et de plus gracieux. Il y avait dans tous ces tableaux une richesse de coloris, une finesse d'exécution, un luxe et en même temps une élégance de détails qui enchaînaient absolument les regards.

*Vieilleries* pourtant, avait dit le jeune homme ! Et l'écho avait répondu : imbécile !

Je compris alors qu'il en était à l'heure actuelle, au Japon, des Beaux-Arts comme de tout le reste. La révolution économique et sociale qui depuis vingt-cinq ans bouleverse ce pays, ne devait épargner aucune des branches de l'activité intellectuelle. Les générations nouvelles, les jeunes, sont pour le progrès à outrance. Les autres, les vieillards et tous ceux qui, sans avoir des cheveux blancs, n'ont étudié ni en Europe ni en Amérique, demandent au contraire qu'on oppose une digue au flot sans cesse montant des idées nouvelles et des innovations hasardées. Ces sages sont, chez ce peuple imberbe, les représentants des vieilles barbes. Il en résulte que les Japonais de nos jours peuvent se diviser en deux classes bien distinctes dont les goûts comme les aspirations diffèrent : les Japonais du Jeune Japon et les Japonais du Vieux Japon.

Voyons maintenant de quelle façon les uns et les autres entendent diriger le mouvement artistique de leur pays.

Le dirai-je ? Je n'ai rencontré chez aucun Japonais une conception bien nette de l'évolution qui s'opère sous leurs yeux. Jeunes et vieux, quand on les interroge à ce sujet, s'en tiennent à des formules vagues. Les défenseurs des vieilles écoles me paraissent toutefois être dans le vrai lorsqu'ils disent : nos productions artistiques ont fait dans le monde entier la richesse et la gloire de notre pays ; elles comptent en Europe et en Amérique des admirateurs passionnés ; le *japonisme*, qui n'était peut-être au début qu'un engouement, est passé maintenant dans l'esprit même des foules. Du moment où l'Occident voue un culte si fidèle à l'art japonais, c'est que l'Occident se reconnaît incapable apparemment de jamais l'égaler. Or, puisque nous avons le bonheur de posséder, grâce à des procédés qui nous sont propres, une mine inépuisable de richesses artistiques, gardons-nous bien d'abandonner les anciennes traditions. Restons des spécialistes, les spécialistes du Beau.

Ne croyez pas que le Jeune Japon se laisse le moins du monde influencer par ces arguments. Il croit sincèrement que ses compatriotes ont le rare privilège d'unir à leurs vertus natives toutes les qualités de la vieille Europe. « L'Europe, dit-il, a bien le droit d'être fière ! Ne lui disputons nous pas en tout et pour tout la palme de la gloire ? Regardez plutôt ! Comme elle nous avons des généraux habiles, des hommes d'État consommés, des tailleurs à façon et des cordonniers à la mode, des médecins qui font mourir et des dentistes qui font fortune. Eh bien, nous aurons aussi des peintres, de grands peintres. L'âge des *kakémonos* est passé ; nous avons mieux à faire qu'à travailler le cloisonné, qu'à fouiller les incrustations. Raphaël, que diable ! n'était pas un brodeur et Michel Ange n'a jamais fabriqué de laques. Cloisonnés, incrustations, broderies sur soie, laques, industries terre à terre qui ont peine de nos jours à nourrir leur homme ! Notre tâche est plus grande et notre but plus élevé ! L'idéal nous appelle, c'est à sa recherche que nous courons. »

Le Jeune Japon a essayé de tenir ses promesses. Il vient de nous convier à Kioto à être les témoins de la rénovation artistique du vieux Nippon. Un pavillon spécial de l'Exposition qui se tient actuellement dans cette ville est réservé aux Beaux-Arts. Le salon de peinture est digne à plus d'un titre d'attirer notre attention.

Je me propose aujourd'hui de l'étudier, non pas, comme on pourrait le croire, pour le vain plaisir de décourager des hommes animés peut-être des meilleures intentions, mais simplement pour faire ressortir par des exemples pris sur le vif, qu'en abandonnant leurs traditions, leur grâce native, la forme diabolique de leurs productions, tout ce qui, en un mot, constituait jadis leur personnalité, les artistes japonais sont en train de porter un coup fatal au génie même de leur nation.

Dénoncer sans pitié ces contrefacteurs de notre peinture, montrer l'inanité de leurs efforts, souligner l'échec piteux qu'ils ont essuyé de la part même de leurs compatriotes, c'est rendre, croyons-nous, un service signalé à la cause du bon goût qui compte encore dans ce pays des représentants si distingués. Comparer enfin ces avortements artistiques aux productions si puissantes du tempérament national, c'est faire éclater aux yeux de tous l'inconscience de ces hommes qui ayant sous les yeux des modèles de perfection n'ont pas craint de fuir leur foyer d'inspiration, de traverser des océans, de parcourir le monde dans tous les sens pour aboutir à ce résultat magnifique : l'imitation servile des procédés artistiques des nations mêmes qui tiennent en si grand honneur le talent et les œuvres des maîtres de la vieille école Japonaise.

Le Salon de Peinture de l'Exposition de Kioto comprend quarante-trois toiles et trois fusains. Ce n'est pas beaucoup comme quantité ; c'est moins encore comme qualité.

Les sujets empruntés à la guerre sino-japonaise sont, comme il fallait s'y attendre, en assez grand nombre.

Depuis le commencement des hostilités avec la Chine nous avons assisté à une véritable débauche d'images, d'affiches, de prospectus et de cartons, retraçant quelque grande scène du drame ou de la comédie qui se jouait entre les deux peuples. L'imagination populaire, surchauffée par les journaux, a enfanté sous ce rapport des prodiges de grotesque. Quiconque a vu pendant ces derniers mois une ville de garnison se rappellera toute sa vie les joyeuses enseignes qui attiraient tous les regards. Dans cette bonne ville de Hiroshima, par exemple, tout épicier se respectant tenait à honneur d'offrir à sa clientèle, en même temps qu'une livre de sucre ou qu'un paquet de chandelles, le spectacle gratuit de l'aplatissement de l'ennemi commun.

Quelques-unes de ces enseignes fantastiques étaient vraiment drôles et donnaient bien une idée de l'aveuglement qui présidait alors à toutes les manifestations populaires contre la Chine. Cette manie

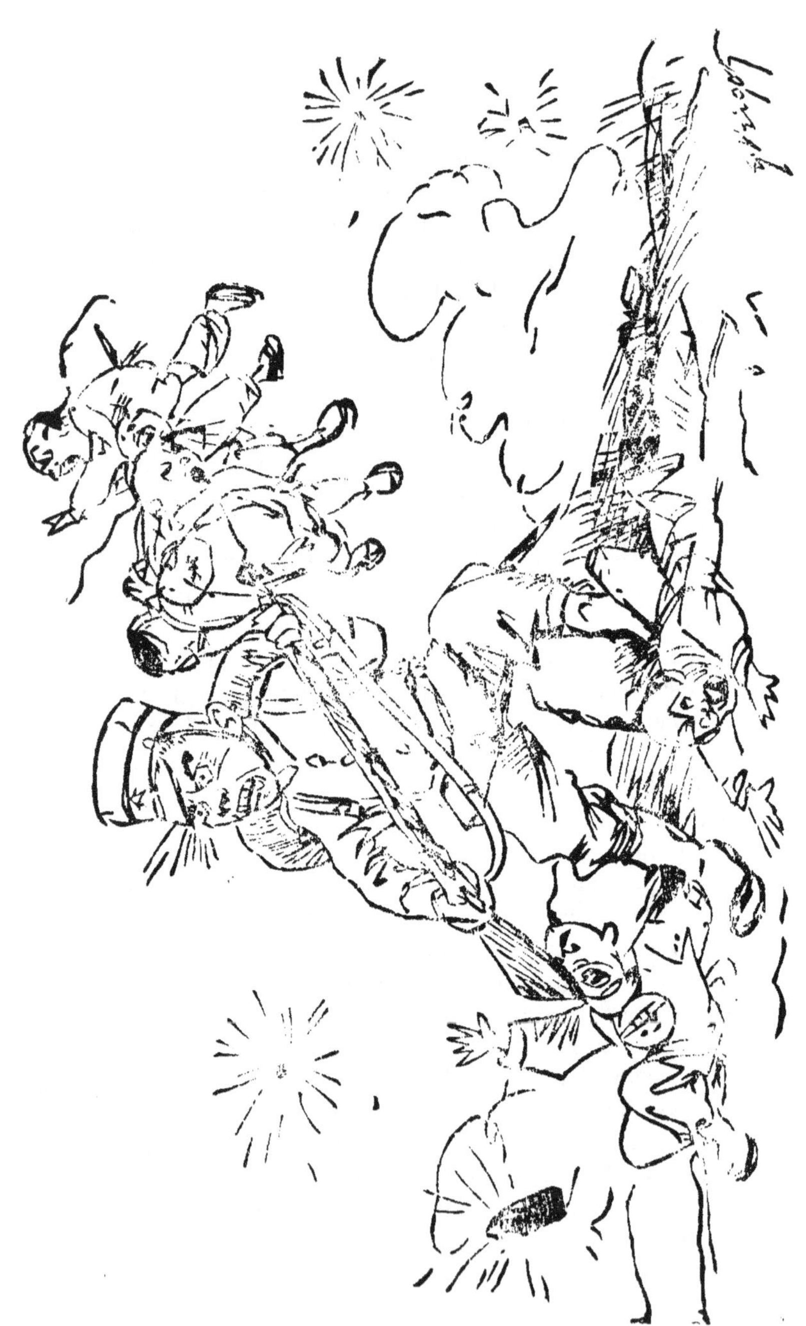

d'exposer ainsi à la devanture un ennemi déconfit gagna bien vite tous les métiers et toutes les professions. Personne n'était exempt de sinophobie. Un pharmacien, pour ne parler que de lui, — et Dieu sait si les pharmaciens en tous pays sont des gens d'humeur pacifique! — avait, entre deux lavements, imaginé le tableau suivant : un troupier japonais venant à bout de six guerriers Chinois. L'Archange Saint Michel terrassant le démon n'était rien auprès de ce terrible vainqueur. Comment maintenant, vous direz-vous peut-être, un homme, fût-il Japonais, peut-il venir à bout de six gaillards solidement bâtis et décidés à se défendre? Rien n'est plus facile, à en croire l'enseigne de mon apothicaire. Regardez plutôt: au bout de sa baïonnette le troupier nippon tient embrochés trois Célestes, jambes en l'air et queues au vent. Et de trois. A la crosse de son fusil il a attaché la natte d'un prisonnier récalcitrant. Et de quatre. De la main gauche il en tient un autre par le fond de sa culotte. Et de cinq. Quant au sixième, il l'écrase purement et simplement d'un coup de talon de botte. Et voilà comment on se débarrasse de ses ennemis. Ce n'est pas plus malin que ça!

Inutile d'ajouter que devant cette enseigne la foule stationnait jour et nuit. Les hommes la discutaient, trouvant sans doute que, tant qu'à faire, le troupier aurait bien pu compléter sa douzaine de Célestes. Les femmes paraissaient fières de donner le jour à de pareils héros. Quant aux enfants, on leur apprenait, en guise de prière du soir qu'un Japonais vaut couramment six Chinois. Comment ne pas le croire? c'était peint!

De la rue, cette rage d'exhiber des sujets guerriers devait monter à l'atelier. Rien d'étonnant donc à ce que les peintres, cette année, aient tenu à flatter l'orgueil national en retraçant des scènes de cette guerre qui a absorbé pendant des mois et des mois la vie même de la nation. Ce qui doit seulement nous surprendre c'est que les artistes ne se soient pas montré supérieurs aux imagiers populaires, aux peintureurs de Hiroshima, qui brossaient des victoires sur des sacs de pruneaux et fixaient sur le pain d'épice les traits des héros nippons. Il sont moins gais assurément que ces débutants naïfs qui représentaient sur des mouchoirs toutes les grandes épopées de la dernière campagne, et qui bien avant les diplomates avaient eu l'idée de mettre la Chine dans leur poche.

Voilà, par exemple, M. Arihoshi Hidéta qui nous montre un gamin déguisé en soldat. C'est un sujet banal qui a été traité de la même façon dans tous les pays du monde. C'est partout le même moutard coiffé d'un képi, armé d'un grand sabre, enfourchant un dada de carton.

Chaque année, en France, à l'époque du carnaval, mon concierge, le vôtre, ou celui d'un ami, s'offre ainsi la satisfaction de produire sur le boulevard sa progéniture habillée en cuirassier. La famille du cordon est dans la joie. Le petit vient d'affirmer sa vocation. Il sera officier. Il est si intelligent! et salue si gravement les soldats qu'il rencontre ! Au Japon, sous ce rapport, le carnaval sévit à l'état endémique. L'affreux petit bonhomme que nous représente M. Arihoshi nous le connaissons tous. Impossible de faire un pas dans la rue sans risquer de lui marcher dessus. Lui aussi sera soldat, officier, général peut-être, vainqueur de la Chine à coup sûr. Le Japon aujourd'hui militarise jusqu'à la marmaille. Jetez les yeux sur les boutiques de jouets d'enfants qui abondent dans ce pays d'amuseurs. Vous n'apercevrez que képis, que sabres, que fusils, que canons, qu'écharpes et qu'épaulettes. Vous verrez que d'ici peu les biberons eux-mêmes affecteront une tournure militaire et que, dans l'avenir, les marmots à la mamelle auront tous un uniforme de pompier. « Tout pour le sabre et par le sabre », telle est la devise qui se lit maintenant partout et qui fait qu'à l'heure actuelle tout galopin, au Japon, vous prend des airs de caporal.

La toile de M. Arihoshi est un vilain chromo et rien de plus. Son talent fera sans doute comme son gamin, il grandira. Nous ne pouvons qu'en attendre l'éclosion. Nous sommes moins pressés, il faut l'avouer, d'assister à l'épanouissement physique et moral du petit Nippon qui joue aujourd'hui au soldat d'une façon si gaillarde. Ce jeune produit des nouvelles couches ne nous annonce rien de bon. Vous le retrouverez un jour, soyez-en sûr. A quinze ans, il sera étudiant et insultera au passage les étrangers, les *Tojin*, dont il aura sucé la haine à l'école. A vingt ans il sera soldat, pour de bon cette fois, et rêvera d'avaler le monde. Vers la trentaine il sera électeur, député peut-être, et renversera les ministères. Il est voué à la turbulence. Il bataillera dans la vie comme il a bataillé dans son enfance, et vous regretterez un jour, ô Japonais, l'âge heureux où vos enfants, ignorants du sabre, ne connaissaient encore que le sucre d'orge. Vous ne savez pas ce que vous réserve cette génération de généraux de dix ans !

Ne quittons pas les soldats puisque nous avons commencé par eux : passons en revue ces fiers troupiers vers qui sont maintenant tournés tous les regards.

Vous avez peut-être déjà entendu parler d'un certain Alphonse de Neuville qui fit jadis, dans un petit pays appelé la France, des tableaux militaires fort appréciés de toute l'Europe barbare. Un nommé Edouard Detaille s'est également illustré dans le même genre. Si des talents aussi obscurs étaient capables de franchir les frontières de leur pays, je n'hésiterais pas à crier au plagiat devant les deux toiles de MM. Ishida et Kimura. L'un de ces tableaux représente deux soldats japonais tirant derrière une tranchée ; l'autre nous montre un vieux dur-à-cuire nippon appuyé sur son fusil et ayant l'air de dire : « Le Héros, c'est moi ! » Nous avons vu cent fois les

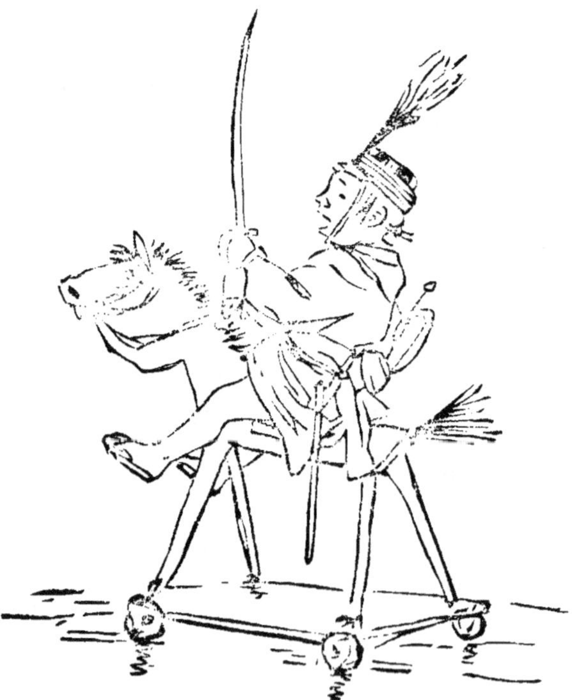

mêmes sujets traités. Il ne nous était jamais arrivé pourtant jusqu'ici de voir sur la toile des soldats en plomb. Ceux de MM. Ishida et Kimura ne sont pas autre chose. Ils sont épais, lourds, ternes. On ne manquera pas, je le sais, de me répondre que ces épithètes conviennent à merveille au soldat japonais lui-même, et que le peintre, par conséquent, est resté dans la vérité en montrant le côté mastoc qui frappe tout d'abord chez le guerrier nippon. Avez-vous déjà vu défiler un régiment japonais, clairons en tête? Ce spectacle, qui a inspiré en tous pays de si belles œuvres, est au Japon absolument lugubre. Le clairon joyeux qui, en Europe, électrise les foules, fait passer du vif-argent dans toutes les veines, et entraîne à sa suite les jeunes comme les vieux, le clairon, au Japon. n'est pas autre chose qu'un instrument bâtard, tenant le milieu entre le mirliton et le cornet à bouquin.

Les Japonais l'ont importé d'Europe avec le reste, mais il ne répond à aucun des besoins de leur caractère. Leurs oreilles, qu'ils appellent des *mimis* (allez donc sonner la Diane à des *mimis !*) sont obstinément fermées aux sons de nos fanfares. Ils ont pourtant des musiques militaires qui jouent la *Marseillaise, God Save the Quen*, *Fanfan la Tulipe*, et l'*Hymne Russe*. Et je connais des gens qui crient au prodige parce que ces petits Japonais, naturellement réfractaires à notre harmonie, s'attaquent sans sourciller aux maitres anciens et modernes de notre musique nationale. Comme si nous n'avions pas vu jadis, aux Folies-Bergères, un orchestre de chiens savants exécuter la *Marche du Tannhauser !* Un épagneul à lunettes tapait à tour de pattes sur la grosse caisse et je me souviens parfaitement qu'un gros terre-neuve dirigeait l'orchestre.

Le soldat japonais est un excellent soldat, mais

vous ne l'empêcherez jamais d'avoir l'air, lorsqu'il marque le pas, de traîner cent kilogs à chaque jambe. Il est essentiellement pesant. Il se trouve évidemment très mal à l'aise dans son uniforme et l'on voit que ses godillots le font beaucoup souffrir. Je trouve que MM Ishida et Kimura, dans leurs deux tableaux, ont très bien rendu cet état d'âme. Il faut déplorer toutefois que leurs personnages ne se tiennent pas debout. Tels qu'ils sont posés il doit leur être bien difficile de se servir de leurs pieds pour marcher. Après tout, ils vont peut être sur la tête !

Avec M. Asaï nous restons encore sur le terrain de la guerre. Il nous représente une scène de la prise de Port-Arthur. Le sujet est des plus simples ; il est aussi des plus faux. Des soldats japonais montrent leur billet de logement à un propriétaire chinois dont la porte vient d'être défoncée. Sur le seuil, un Chinois mort est étendu pour nous apprendre sans doute qu'il y a eu des tués à Port-Arthur. Nous nous en doutions déjà un peu. On me croira certainement sur parole si j'avance que les choses ne se passèrent pas du tout aussi gentiment. Ce Chinois, qui a l'air tranquille d'un contrôleur de théâtre recevant des contremarques, n'a jamais existé que dans l'imagination de M. Asaï. En pays conquis, on mettait moins de formes, je vous assure, à s'installer chez l'habitant. Restait-il d'ailleurs à Port-Arthur un seul Chinois vivant pour recevoir les vainqueurs? Les Chinois avaient fait le vide dans leur ville et les Japonais les y avaient aidés. M. Asaï n'a donc pas pu voir la scène qu'il représente. On lui pardonnerait certes cette légère entorse à la vérité si son tableau mettait en relief une qualité, une seule. Mais tel n'est pas le cas de l'artiste qui nous occupe. Dans sa peinture tout est terne, sans mouvements, sans vie!

Je crois utile de dire en passant que le public japonais avait quelque droit pourtant d'exiger de ses artistes, à défaut de talent, un peu de sincérité. L'Etat-Major Général, désireux de voir passer à la postérité les hauts faits de ses armées, avait convoqué à la guerre le ban et l'arrière-ban de la plume et du pinceau. J'ai partout rencontré, pendant la campagne, des journalistes qui paraissaient écrire et des artistes qui avaient l'air de dessiner. Où avaient-ils donc les yeux les uns et les autres? Je n'ai pas encore lu sur la campagne un seul article intéressant d'un de ces hommes qui, par un rare privilège, avaient obtenu l'autorisation de suivre l'armée. Je pensais du moins que les peintres allaient nous dédommager de l'impuissance des écrivains. J'en ai été pour mes illusions. Artistes et écrivains ont perdu leur temps tout cet hiver. Pour arriver à produire ce qu'ils exposent aujourd'hui à Kioto, point n'est besoin assurément d'affronter les périls des sièges. Ils auraient pu aller au feu sans quitter leurs *hibachi*. Personne ne leur en aurait voulu. Ils n'eussent pas été plus inexacts.

Contemplez plutôt un champ de bataille tel que le comprend M. Haguda; c'est d'une simplicité extrême. Six Chinois, correctement alignés, sont couchés sur le dos. Pour tous, la pose est la même. Cette scène, dont le côté dramatique n'échappe à personne avait déjà tenté l'objectif d'un photographe. Les Japonais ont deux passions, la photographie et l'horlogerie. Ces Chinois morts ont donc été tirés à des milliers d'épreuves. Avisez-vous pourtant de le dire à

M. Haguda. Il vous répondra du haut de ses *getas* :

« — Monsieur, un peintre et un photographe font deux. Moi, je suis peintre. »

« — Mais pourtant, hasarderez-vous timidement, votre tableau est la reproduction exacte d'une photographie archiconnue. »

« — Quelle erreur est la vôtre! répondra-t-il superbe. Regardez donc un peu. Les Chinois du photographe sont couchés sur le ventre.

« — Et les vôtres ? »

« — Sur le dos, tiens! Ce n'est pas du tout la même chose, j'imagine. »

Et en effet, M. Haguda a raison Au lieu de représenter des Chinois étendus sur le ventre comme un vulgaire photographe, il a élargi son horizon, ennobli les caractères, dramatisé la situation; car ses Chinois, sachez-le bien, sont étendus sur le dos! Jamais un photographe n'aurait imaginé une pose aussi délicate.

Depuis que j'ai entendu un jeune Nippon me dire très sérieusement après une minute d'entretien : « Vous parlez très bien français » — ce qui lui attira un remerciement. — « Vous parlez français comme moi » — ce qui faillit lui attirer une gifle, — je ne m'étonne plus de grand chose dans ce pays. J'avoue pourtant que le portrait de M. Mastsuoka m'a laissé rêveur. Comment un artiste qui connaît évidemment son métier, cela se voit à mille détails, peut-il en arriver à commettre de pareilles hérésies artistiques? Ce sera toujours pour moi un mystère.

M. Matsuoka a peint le portrait d'un jeune prince de la famille impériale.

La mine de ce jeune homme, qui est fort belle, ma foi, lui valut jadis à Paris un très grand crédit. C'est aujourd'hui, m'assure-t-on, un officier rangé, studieux et brave comme tous les officiers japonais. Devant l'image de ce capitaine de la garde, sa lorgnette à la main, l'air grave et content de soi, nous avons peine vraiment à nous rappeler le joyeux viveur qui défraya un instant la chronique galante de Paris. Loin de moi certes l'idée de reprocher à cet aimable prince d'avoir eu le bon goût d'apprendre la langue française par la bouche d'une jolie femme. Je n'en veux pas au prince mais à son peintre. Je ne discute pas sa vertu ; je ne fais que critiquer son portrait.

Or, M. Matsuoka a pensé que malgré son uniforme, son képi, ses galons, il pourrait encore subsister des doutes dans l'esprit du public sur l'état de son modèle. Alors, il a tenu à bien préciser, et il s'y est pris de la façon suivante : De chaque côté de ce portrait, qui est grandeur nature, il a placé de tout petits hommes et de tout petits chevaux. L'intention, n'est-ce pas, éclate. Ces mirmidons sont les cavaliers-joujoux dont le prince a le commandement. Nous avons donc un capitaine énorme, entouré de soldats minuscules tenant par la bride des chevaux de Lilliput. J'ai le regret de chagriner M. Matsuoka, mais je suis obligé de lui dire que son idée n'est pas neuve du tout. M. Matsuoka a dû, dans le temps, fréquenter chez M. Perrichon. C'est ce brave homme, parbleu ! qui lui a soufflé sa formule. Il voulait, lui, un tout petit Mont-Blanc à côté d'un Perrichon géant. Il a été compris au Japon. Quel dommage que M. Matsuoka n'ait pas continué à se montrer assidu dans la maison. M. Perrichon n'eut pas manqué de donner sa fille à un homme qui professait, en matière artistique, des opinions si conformes à son idéal.

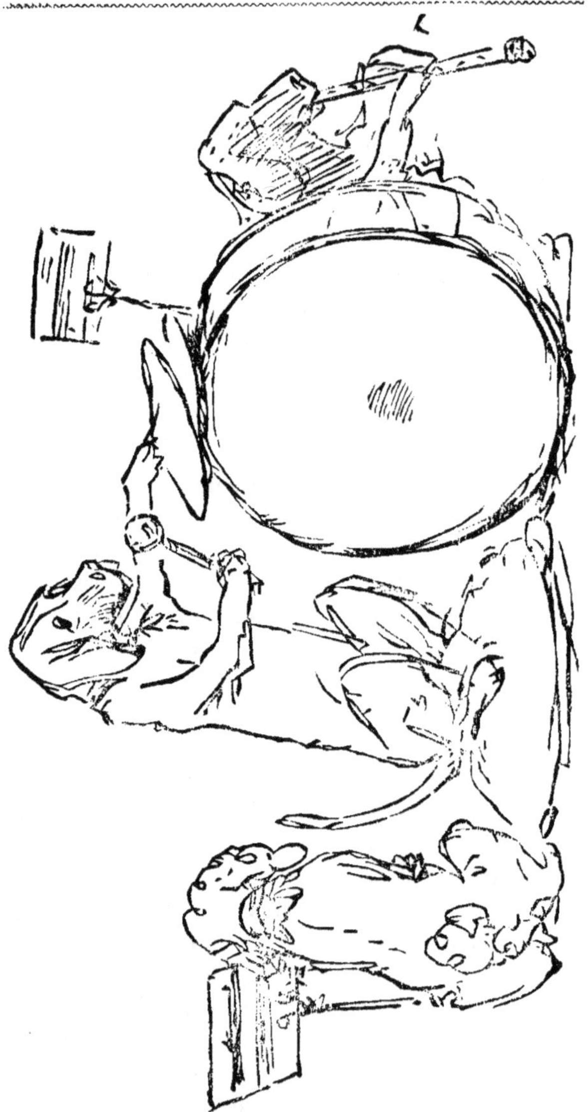

De tous les peintres que je viens de passer en revue, de tous ceux dont j'aurai encore à vous parler par la suite, je vous demande de ne retenir qu'un nom, celui de M. Matsui.

Il est seul, dans cette Exposition, qui ait accouché d'une idée. Si on peignait avec des intentions, au lieu de peindre avec des couleurs, M. Matsui serait certainement un grand artiste.

Telle qu'elle est, sa toile ne vaut pas grand chose. Son dessin est très faible et son coloris n'existe pas. Son tableau pourtant groupe tous les suffrages des esprits délicats. On sait gré à l'artiste de s'être un moment détaché des préoccupations terre-à-terre qui constituent le fond de toutes les œuvres exposées pour s'élever un peu. M. Matsui a malheureusement très mal rendu une pensée éloquente. N'importe, au nom même de cette pensée il lui sera beaucoup pardonné.

Voyons son tableau. Comme tous ceux que nous avons examinés, il a été inspiré par la guerre.

Une mère, entourée de son petit garçon et de sa petite fille, vient de recevoir la nouvelle de la mort de son mari, officier dans les armées du Mikado. Ils sont tous trois assis à la japonaise, sur les genoux. Devant eux se trouvent étalés la tunique et le sabre du défunt que l'on renvoie à la veuve. Le mérite de M. Matsui est tout entier dans la manière dont il a exprimé les sentiments qui à ce moment précis agitent cette mère Japonaise, son jeune fils, sa petite fille.

Les Japonais qui, par politesse, pour ne pas vous impressionner d'une façon fâcheuse, vous apprennent le sourire aux lèvres la mort de leur père, de leur mère, d'un enfant ou d'un ami, pleurent très rarement. Au fait, je n'ai pas encore vu pour ma part un homme ou une femme verser des larmes dans ce pays. L'épouse que la guerre vient de faire veuve, nous cache donc sa douleur. Elle est stoïque, comme l'ont été d'ailleurs toutes les femmes Japonaises

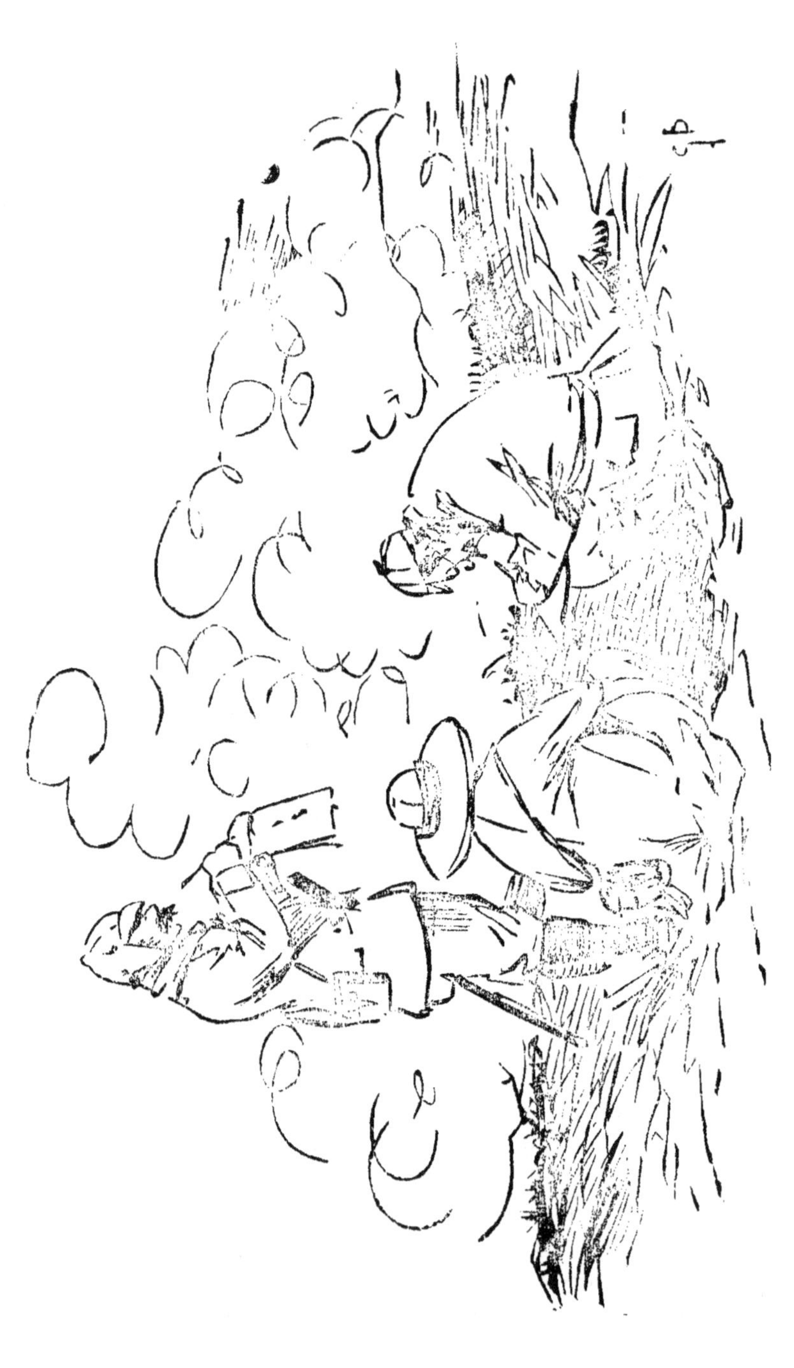

au cours de cette guerre. Rendons leur hommage. Depuis Rome et ses matrones nous avions perdu l'habitude de trouver chez des femmes de pareils exemples de courage civique. J'ai eu souvent l'occasion de lire au cours de la campagne des lettres qui m'ont saisi par la grandeur des sentiments exprimés, par l'énergie qu'elles accusaient chez leurs auteurs. « Un soldat qui se bat pour son pays, écrivait une femme à son mari, ne doit jamais s'attendre à retourner dans ses foyers. » « Ne songe pas à ta promise », disait une mère à son fils, te voilà maintenant le fiancé de la Mort ! » « Sois victorieux ou meurs, » griffonnait encore une aïeule à son petit-fils. La Japonaise, je tiens à insister sur ce point, est énergique et forte. Elle a au plus haut degré le respect et le sentiment de ses devoirs, et elle oublie volontiers qu'elle est femme, épouse et mère, pour se rappeler qu'elle doit à la patrie tout ce qu'elle possède, y compris ses trésors d'affection et de tendresse. Sous une enveloppe très frêle se cache une grande vaillance.

J'ai cru nécessaire de dire ces choses afin de mieux faire comprendre le tableau de M. Martsui.

Examinons ses personnages : Chez sa femme, pas un muscle du visage n'accuse le chagrin ; elle tient à la main la lettre qui lui apporte la fatale nouvelle et ses regards ne quittent plus son fils. Le gamin comprend ; il se conduit déjà en homme. Il sera le vengeur de son père, il le jure sur les armes qu'il a devant lui. Un homme ne pleure pas. Lui non plus, par conséquent ne verse pas une larme.

Mais tant d'énergie ne saurait entrer dans le cœur d'une petite fille ! La jeune orpheline éclate en sanglots, et ces sanglots sont à leur place dans ses yeux d'enfant. Ils nous soulagent presque autant qu'elle ! En regardant cette enfant pleurer, et pleurer

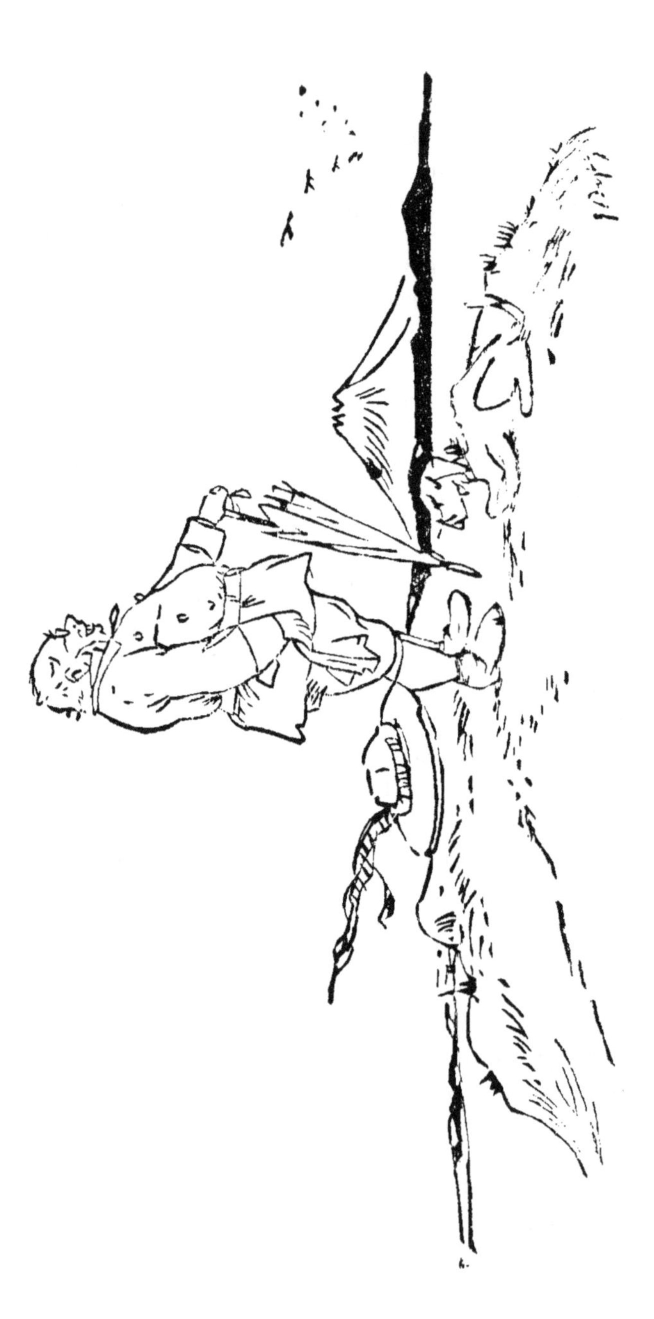

de si bon cœur, nous sentons peut-être en nous se rouvrir une ancienne blessure. Les larmes sont parfois de si chères compagnes! J'admire la fermeté que déploient dans le malheur cette mère et son fils, mais je trouve autrement grande, autrement humaine l'explosion de la petite fille. Elle pourrait être notre compatriote, cette petite et c'est parce qu'elle ressent le chagrin comme on le ressent chez nous que nous l'aimons surtout. Oui, c'est bien ainsi que pleurent

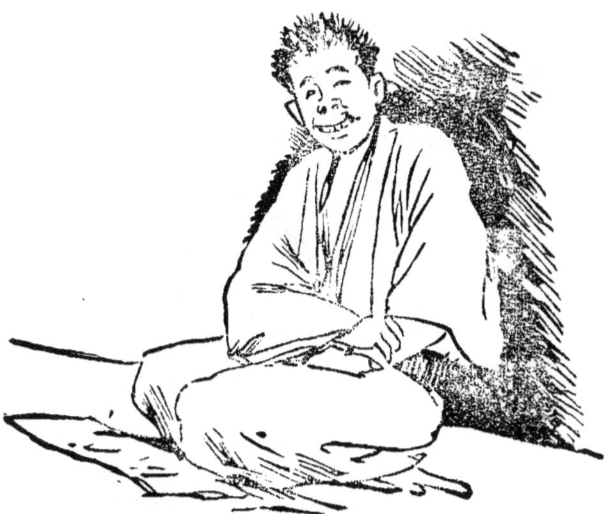

nos enfants pour un père mort ou un polichinelle cassé. Je suis sûr que si M. Matsui avait seulement eu la bonne inspiration de faire peindre son tableau par un peintre, le Jury n'eut pas été embarrassé pour lui décerner la médaille d'or du Salon.

Il est impossible de terminer l'inspection de cette galerie de tableaux militaires sans vous dénoncer le triptyque de M. Nakagawa. Qu'est-ce que le dessin a donc pu faire à M. Nakagawa pour être traité par lui de la sorte? Son panneau de droite a la prétention de nous montrer un officier blessé au plus fort d'une mêlée. Il a reçu une balle dans le mollet. Or, ce mollet bandé ressemble à s'y tromper à un jambon de Mayence. On en mangerait. Si M. Nakagawa changeait son genre et se mettait sérieusement à travailler pour la charcuterie, son avenir serait assuré. Ne voulant pas paraître trop sévère à l'égard d'un artiste certainement consciencieux, je m'abstiens de parler de ses deux autres panneaux qui représentent d'ailleurs tout ce qu'on veut.

Il me resterait encore à vous dire un mot de la toile de M. Naozo, mais je n'en vois vraiment pas la nécessité. M. Naozo nous offre une scène de l'occu-

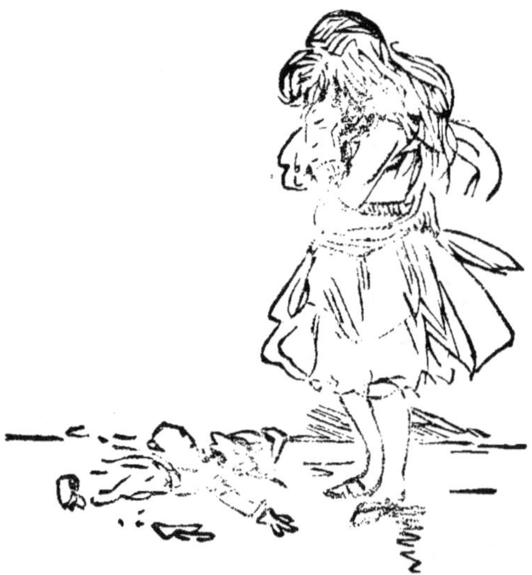

pation japonaise en Chine. Il peint n'importe comment un sujet qu'il a puisé n'importe où. Il a eu le bon esprit du moins de suspendre son tableau au-dessus d'une porte de sortie. On part en le voyant.

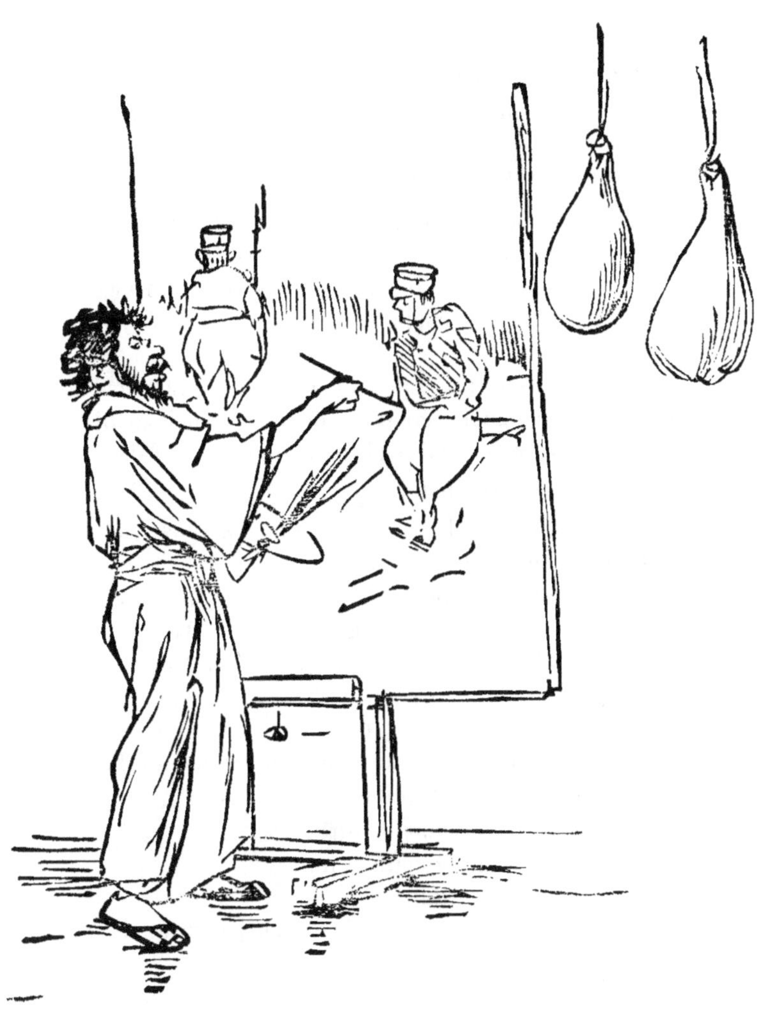

Nous en avons fini avec les sujets guerriers. Ayons le courage de continuer notre promenade et d'aller jusqu'au bout. Nous allons trouver de tout sur notre route, de tout, même de l'impressionnisme.

Les représentants d'école impressionniste sont au nombre de trois. De ce trio d'aveugles le plus à plaindre est sans contredit M. Koumé.

Il faudrait un abat-jour pour examiner à loisir les folies de son pinceau. On ne fixe pas impunément des arbres bleus, des chiens violets et de l'eau rouge. Malgé soi, les yeux clignotent, les paupières s'abaissent.

— « Voyons, disais-je devant ces toiles à un Japonais qui m'accompagnait, répondez-moi bien franchement :

— « Avez-vous jamais vu la nature sous ce jour-là ? »

— « Non, assurément.

— « Comment alors vous expliquez-vous cette horrible façon de peindre ?

— « D'une façon bien simple : l'artiste qui a peint ces tableaux avait de mauvaises couleurs. Vous pensez bien qu'il ne se serait pas amusé autrement à nous montrer des arbres bleus !

— « Mais songez donc, excellent ami, qu'ils sont trois ici à peindre avec des mauvaises couleurs. Est-ce là toute votre explication?

— « Je n'en vois pas d'autre.

— « Et vous aimez cette peinture ?

— « Oh ! pas du tout !

— « Et vos compatriotes ne la goûtent pas davantage?

— « Pas davantage. »

— « Merci, je prends bonne note de vos réponses. »

Je m explique, quant à moi, d'une manière bien différente, la présence au Japon de peintres impressionnistes. Prenez mon hypothèse pour ce qu'elle vaut.

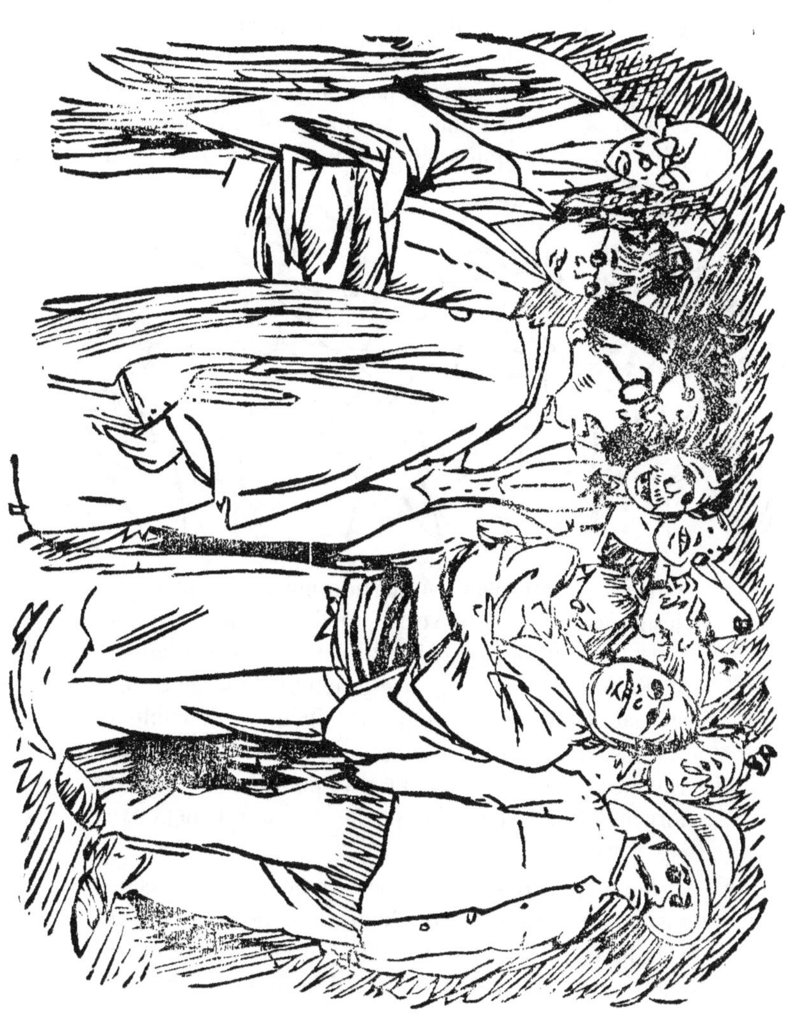

Les Japonais ont en général la vue très mauvaise. Vous ne rencontrez dans les rues que gens à lunettes — à lunettes de toutes les formes et de toutes les couleurs. — Je ne serais pas autrement surpris qu'il en soit ici des habitants comme des omnibus chez nous et que chaque quartier ait ses lanternes parti-

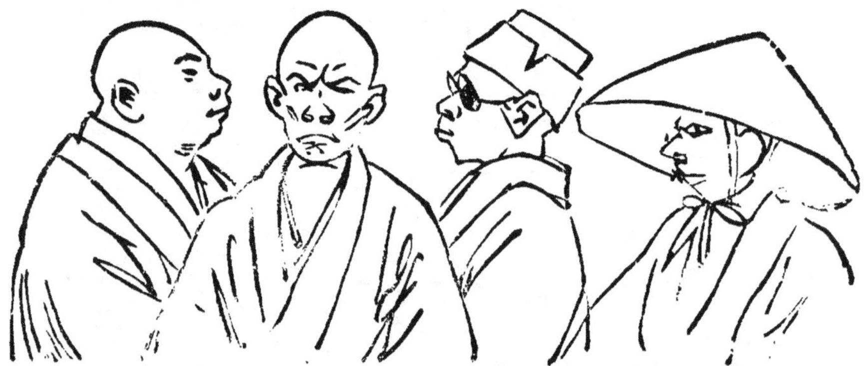

culières. Il est clair qu'un homme qui a sur le nez des bésicles rouges ne verra jamais les choses comme son voisin qui les perçoit à travers des verres jaunes. M. Koumé doit porter des lunettes d'un genre tout spécial; les verres en sont certainement de couleurs variées. Il voit rouge de l'œil droit et violet de l'œil gauche. Il en résulte que sa peinture déconcerte forcément le rare public qui la juge simplement avec ses yeux.

Je ne crois pas du tout à l'avenir de l'impressionnisme au Japon. Ici, d'ailleurs, les novateurs n'ont rien inventé. Il y a beau temps que ce peuple insouciant et léger a pris l'habitude de voir la vie en rose.

Nous ne sommes encore qu'en juin. La nuit d'hier fut pourtant étouffante. J'ai ouvert mes fenêtres toutes grandes et j'ai dormi en plein air. A l'aube, la musique des cloches des temples vosins m'a réveillé. Elles se disaient bonjour d'une voix grave, lente, sonore, qui, dans le mystère de la nuit fuyante, au milieu du repos de toutes choses, vous pénétrait l'âme et l'emportait très loin.

Alors, dans un demi-sommeil, je me suis trouvé transporté à mon tour dans un de ces vieux temples aux formes si imposantes, où tout est grand, solennel, et, devant les Bouddhas ventripotents qui depuis des siècles sourient du même sourire aux générations prosternées, j'ai, à mon tour, agité le grelot. C'est la façon ici d'appeler sur soi l'attention des divinités. Le dieu, vous pensez bien, peut rêver, manger dormir, travailler ou se distraire. Devant les autels alors on a disposé des grelots gros comme des têtes d'enfants attachés à des cordes énormes. On agite la corde légèrement ou fortement selon les cas et Bouddha vient aussitôt. Le fidèle frappe alors des mains, baisse la tête, se recueille. Puis, il repart, marmotteur infatigable de prières sans suite, qu'il adresse au hasard à des dieux qu'il ignore.

Ce temple, entrevu dans un rêve, vous le rencontrez au Japon à chaque pas. Il ne ressemble en rien pourtant à celui qu'expose au Salon M. Mazuno. Cet artiste doit être libre-penseur. Il imite ces intransigeants qui chez nous ne franchissent jamais le seuil d'une église mais attendent à la porte la sortie des morts, ceux qu'on enterre et ceux qu'on marie. M. Mazuno nous laisse seulement apercevoir l'entrée d'un temple. Trois bonzes se préparent à une besogne qu'on ne devine pas facilement. Il aurait pu, à mon avis, trouver des modèles aux mines plus expressives; ses personnages ont tort d'être quelconques. Les bonzes pourtant ne manquent pas dans ce pays et ils ont en général une physionomie à part. Y a-t-il au Japon plus de bonzes que d'hommes ? Y a-t-il au

Japon plus d'hommes que de bonzes? C'est une question qui n'a pas encore été résolue.

Le temple de M. Mazuno reluit comme un sou neuf. C'est, il me semble, un défaut capital dans un monument de ce genre. Je crois, avec Victor Hugo que le temps est aussi un grand peintre et qu'il faut partout admirer son œuvre :

Non, le temps n'ôte rien aux choses.
Plus d'un portique à tort vanté
Dans ses lentes métamorphoses
Arrive enfin à la beauté.
Sur les monuments qu'on révère
Le temps jette un charme sévère
De leur façade à leur chevet.
Jamais, quoiqu'il brise et qu'il rouille,
La robe dont il les dépouille.
Ne vaut celle qu'il leur revêt.

Avez-vous déjà entendu parler du chien de Notre-Dame-des-Bluets? C'est un animal célèbre dans toute la Savoie qui a fait la renommée d'un pays et la fortune d'une famille.

Une nuit, un incendie éclata dans Notre-Dame et fit flamber la moitié du village. Une vieille femme qui habitait seule avec sa petite fille dans une maisonnette du bourg, n'avait aucune idée du sinistre et allait infailliblement périr dans les flammes. Par bonheur, elle possédait un chien. N'écoutant que son courage — selon la formule consacrée — le brave animal fut en deux bonds auprès de son lit et, la tirant par la manche, il put à temps l'avertir du danger. Puis, il grimpa l'escalier, pénétra dans la chambrette où reposait l'enfant, et la saisissant par la chemise il l'emporta saine et sauve dans la rue. Voilà ce que raconte la légende.

La réputation de ce chien fut grande dans tout le département, et sa maîtresse, après l'avoir promené et exhibé dans toutes les foires, eut la satisfaction de pouvoir doter honorablement sa petite fille. Lorsque la pauvre bête mourut enfin d'un os de canard qui

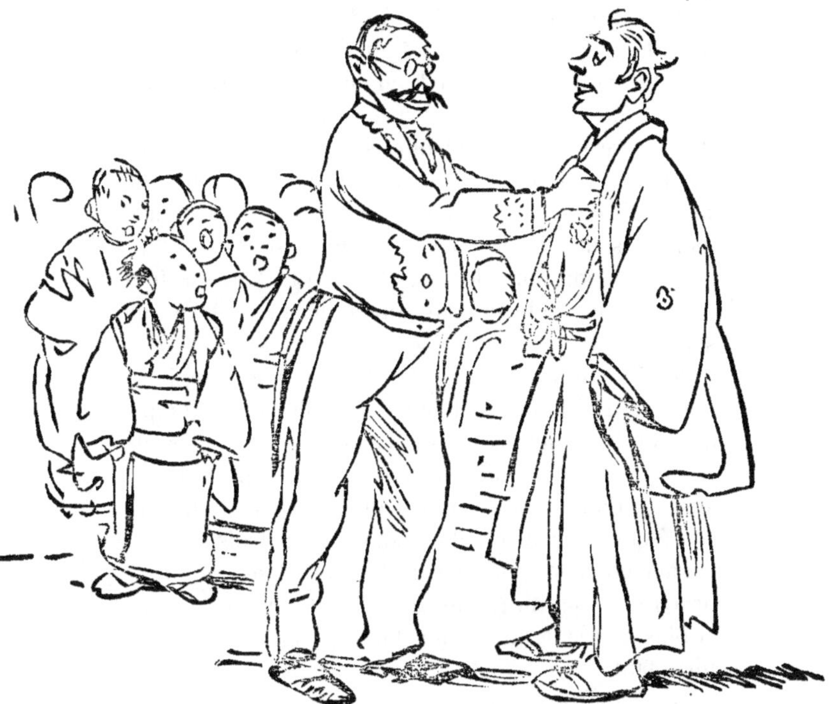

lui resta dans le gosier, le conseil municipal assemblé jugea qu'il était de la dignité de la commune de lui donner une descendance digne d'elle. Après avoir interrogé toutes les chiennes des environs on finit par voir qu'on n'avait que l'embarras du choix. Ce sauveteur avait été toute sa vie un véritable Don Juan. On n'en garda que plus fidèlement sa mémoire. Le village n'a jamais eu d'enfants qui l'aient plus honoré.

L'histoire du maître d'école de Nagoya m'a involontairement fait penser au chien de Notre-Dame-des-Bluets. Mais je vous jure bien que devant la bêtise de certains hommes on s'en veut presque de ne pas être chien. Oyez plutôt les hauts faits de ce maître d'école :

Nagoya est une ville de 150.000 habitants, située dans la province d'Owari. Le tremblement de terre de 1891 la bouleversa de fond en comble. Le maître d'école de l'endroit fut surpris par les soubresauts de la terre qui, par endroits, s'ouvrait, béante. Que fit alors cet homme héroïque ? Je vous le donne en mille ! N'écoutant que son courage, lui aussi, il courut dans la salle d'école, décrocha le portrait de l'Empereur, le mit sous le bras, et partit. Et c'est tout juste si, pour ce beau coup, on ne lui a pas élevé une statue.

Je n'hésite pas à le dire, je ne connais pas, pour ma part, d'action plus ridicule que celle de cet homme qui ayant une femme, des enfants, des vieux parents peut-être, oublie tout son monde dans un moment aussi critique pour ne songer qu'au méchant chromo représentant les traits du Mikado. Pour trois sous, le lendemain même de la catastrophe, il aurait pu se procurer une autre image. Il faut plus de temps et plus d'argent, même au Japon, pour se procurer un enfant.

Je persiste donc dans mon opinion. Le chien qui sauve une petite fille est autrement intéressant que le niais qui arrache aux flammes une tête en carton fut-elle celle d'un grand Empereur.

Cette belle scène de la vie d'un peuple ne pouvait manquer d'avoir les honneurs de la toile.

C'est M. Matsuara qui s'est chargé de faire revivre

la grande figure du magister imbécile. Le tableau qu'il nous présente n'est guère fait pour attirer la sympathie à son héros. Il nous montre le maître d'école dans son escalier, tenant sous le bras une grande caisse en bois qui renferme la précieuse image. Cette caisse pourrait aussi bien contenir des chaussettes, des mouchoirs ou des caleçons. M. Matsuara ne s'est pas un seul instant dit que tout l'intérêt de sa toile résidait dans la figure de l'Empereur et que son premier soin devait être de nous laisser voir quelque chose de la divinité sauvée, ne fut-ce que le bout de son nez.

M. Matsuara s'est bien gardé d'éclairer sa lanterne. Qu'arrive-t-il alors ? Devant ce personnage mal dessiné et peint avec de la boue, dont tous les traits accusent la plus grande frayeur, et qui porte une caisse sous le bras, nous nous disons : « C'est bien ça ; nous sommes en présence d'un cambrioleur qui, surpris au moment où il dévalise une maison, se demande de quel côté arrivent les gendarmes. »

Nous n'y sommes pas du tout pourtant.

A notre grande stupéfaction on nous apprend que ce voleur est un maître d'école, que sa caisse est un portrait, et que l'homme qu'il semble apercevoir dans le lointain n'est pas du tout un gendarme, mais bel et bien son Inspecteur qui lui apporte sur un plat d'argent le Lotus académique — comme qui dirait nos palmes violettes.

Il est bien regrettable d'être guetté par le temps et d'avoir à compter avec la patience du lecteur. Je voudrais tant, pendant que je le tiens par la main, l'arrêter ne fût-ce qu'une minute devant chacun des tableaux exposés. Il n'y en a pas un qui ne porte avec lui son enseignement.

Allons donc au hasard où nous mène la foule, et contemplons avec elle les traits augustes d'un petit homme tout chamarré d'or qui, de loin, ne peut être qu'un singe ou un ambassadeur. De près, le doute n'est plus permis, c'est bien un singe. On l'a mis par erreur dans un cadre magnifique. Il est visible toutefois qu'une branche d'arbre ferait bien mieux son affaire.

Plus loin, un aveugle chante sur un *samisen*, cet orgue de barbarie des aveugles japonais. Ce tableau est un des moins mauvais de l'Exposition. Il y a dans la peinture de M Watanabé du coloris, de l'harmonie, du mouvement. Son mendiant vaut certainement mieux que les deux sous qu'il demande.

Au tour d'un homme heureux maintenant. M. Ogawa met en scène un habitant du pays à la mode. Sur le pas de sa porte, un vieux Coréen fume d'un air tranquille une de ces pipes interminables que les Japonais ont rêvé de supprimer, contre lesquelles déjà ils ont édicté des ordonnances. Je crois que les conquérants s'attaquent là à forte partie. Ce tableau, trop léché, nous montre d'une façon bien évidente que les Coréens n'ont pas du tout envie de casser leurs pipes.

Que signifie cet attroupement ? Devant quoi donc sont arrêtés, bouche bée, les yeux grands ouverts, tous ces hommes et toutes ces femmes, ces vieillards et ces enfants ? Vous l'avez deviné sans doute. Tout ce monde rassemblé est en extase devant la toile de

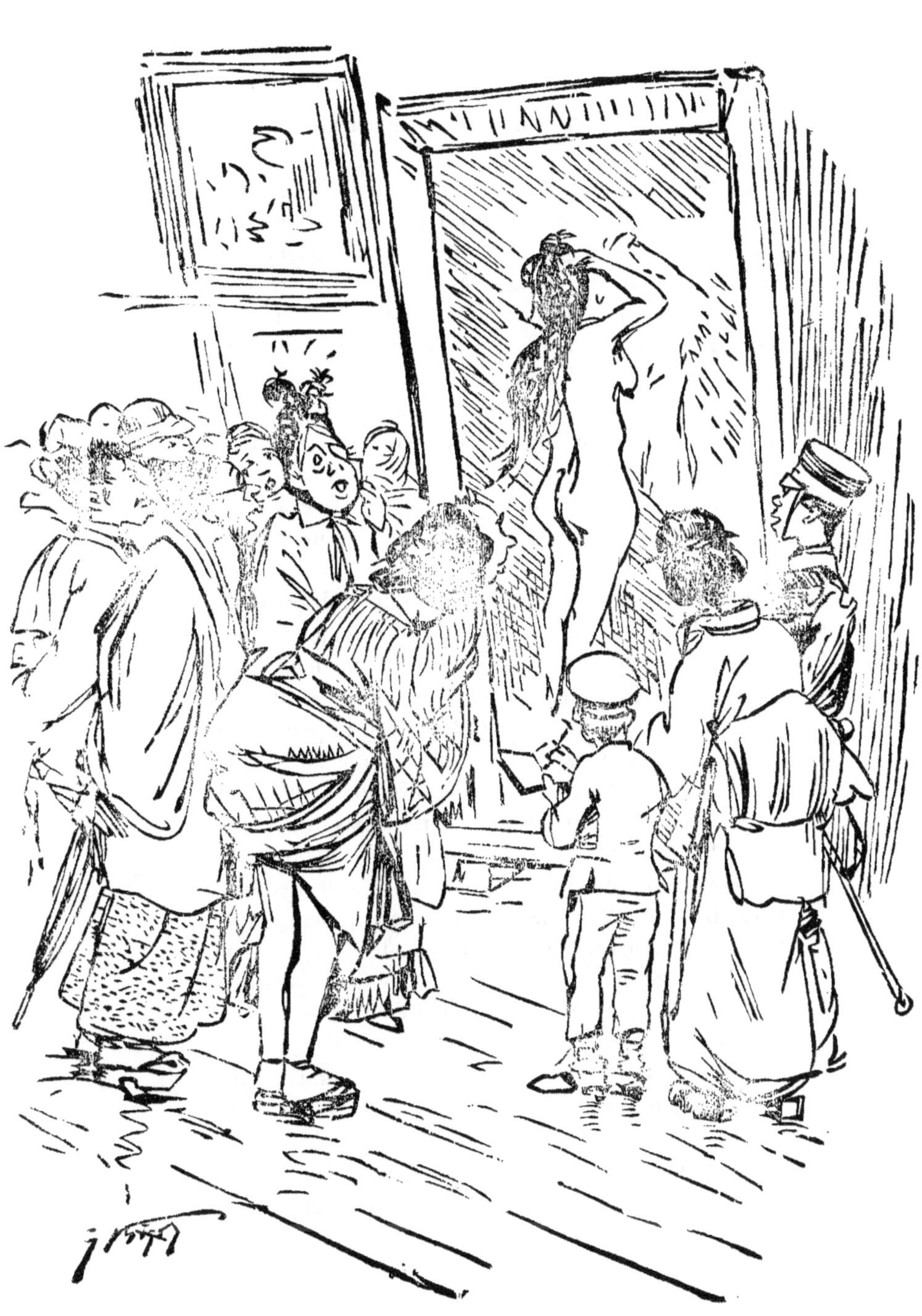

M. Kuroda, qui a pris soin de la désigner au passant par un gros numéro.

Il n'est pas permis d'ignorer le nom de M. Kuroda qu'un événement inattendu a rendu l'homme le plus populaire du Japon. D'autres, en effet, ont gagné des batailles, pris des territoires, signé des traités mémorables ; mais M. Kuroda a fait mieux. Il a eu la gloire, le premier dans son pays, de peindre une femme toute nue ! Mais il y a femmes et femmes. Retenez donc, je vous prie, ce détail essentiel ; le monstre créé par M. Kuroda, dessiné sans habileté, peint avec une lourdeur et une gaucherie extrêmes, a la prétention d'être une femme Européenne nue. Jamais sujet plus malheureux n'a été traité d'une façon plus déplaisante.

M. Kuroda n'a aucune excuse pour avoir commis un pareil attentat, je ne dirai pas à la pudeur, comme un vulgaire clergyman, mais simplement à la beauté. Il ne faut pas songer à compter les aberrations de son pinceau. M. Kuroda ne sait ni peindre ni dessiner. On voit très bien qu'il a étudié l'anatomie au Jardin d'Acclimatation en regardant longuement les ruminants à deux bosses. Il n'est pas difficile de reconstituer la famille de la femme qu'il expose. On sait dès le premier coup d'œil que ses frères sont fixés au Désert. Tout monstre qu'on soit, encore faut-il être un monstre un peu vraisemblable. L'artiste japonais s'est tout bonnement moqué de ses compatriotes et il nous parait utile que ceux-ci ne l'ignorent pas.

Surtout, pas d'équivoques, entendons-nous bien ; je devine, parbleu, ce que va me répondre M. Kuroda. — « Est-ce que par hasard je n'ai pas le droit de peindre une femme nue ? Est-ce que vos peintres en Europe s'en gênent ? Est-ce que le nu n'est pas partout tenu en honneur à Paris, à Londres, à Berlin? Est-ce que enfin.....

Je ne laisse pas continuer mon aimable interlocuteur. Je lui réponds bien vite : pour faire ce qu'on fait à Paris, à Londres, à Berlin, veuillez donc

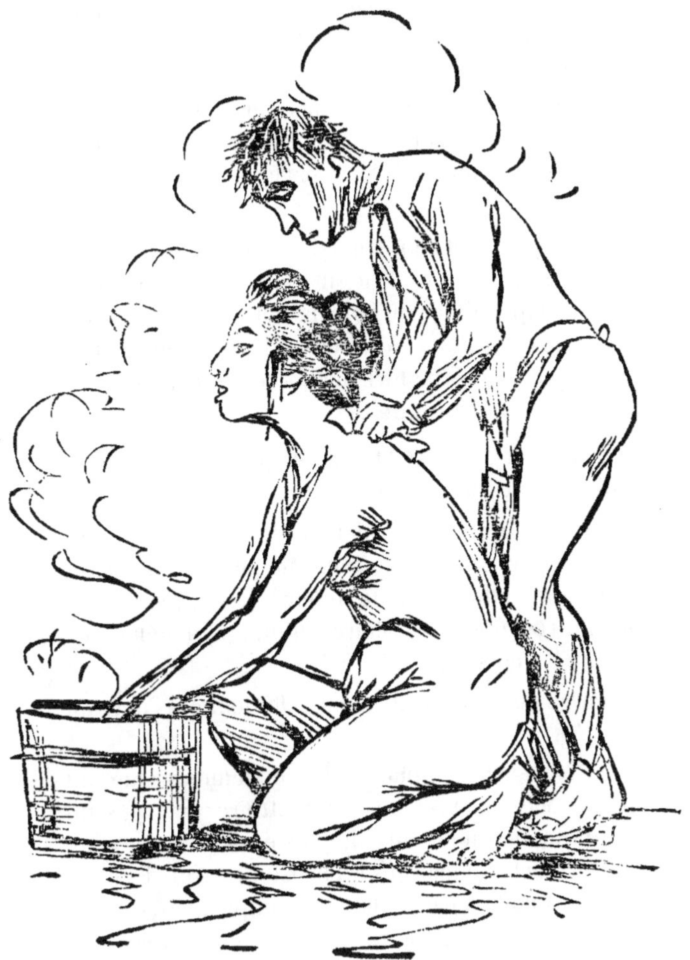

jeune ami, d'attendre que le Japon soit au niveau intellectuel et moral de la France, de l'Angleterre et de l'Allemagne. Pourquoi d'ailleurs avez-vous tant de succès aujourd'hui ? Est-ce pour avoir peint une femme nue ? Non pas. C'est uniquement pour avoir eu l'audace de déshabiller devant vos compatriotes une Européenne. Vous avez flatté sous une forme nouvelle l'orgueil des badauds nippons. « Vous le voyez, disent-ils, les Européens n'ont plus rien de caché pour nous. Nous possédons les clefs de leurs arsenaux comme les verrous de leurs boudoirs. Leurs femmes ? Ah ! parlons-en ! Tenez, les voilà ! »

Je dois pourtant le reconnaître, M. Kuroda n'en a pas fait accroire à tout le monde. J'ai demandé à plusieurs Japonais ce qu'ils pensaient de son tableau. Ils n'ont pas hésité à déclarer qu'ils le trouvaient à tous les points de vue fort médiocre. Je leur ai alors posé la question suivante :

« Pourquoi M. Kuroda n'a-t-il pas peint dans ce simple appareil une Japonaise ?

« Un médecin m'a répondu très franchement : « Parce que chez nous ce genre de peinture ne serait pas du tout goûté et que le public, du coup, se fâcherait tout rouge ». Un notaire, enfin, a eu l'audace de me faire l'aveu suivant :

« Parce qu'on ne voit jamais de femmes nues au Japon !

Oh ! Monsieur le Notaire ! Pas de femmes nues au Japon ! Mais je prétends au contraire que pas un pays du monde n'en offre de plus curieux spécimens aux yeux de l'amateur et de l'artiste. Le Nu ici s'étale en pleine lumière, naturellement, simplement, et sans que personne ne songe à s en offusquer. Regardez plutôt le spectacle qu'offre une rue à la ville. Vous ne voyez que jambes à l'air et que gorges au vent. C'est une procession ininterrompue de bras dodus et de mollets ronds.

Vous parlerai-je de l'heure du bain? Vous n'oubliez pas qu'hier encore les bains au Japon se prenaient en commun et vous savez comme moi que dans certains endroits une corde sépare seule encore ces Messieurs de ces Dames. Je ne vous apprendrai rien non plus en vous disant que l'homme le plus important de son quartier n'est pas, comme on pourrait le penser, le commissaire de police, mais bien le Sansuké ou masseur qui pétrit de ses mains robustes toutes les dames du voisinage, et qui frotte avec une égale conviction l'épouse du notaire et la femme du sous-préfet.

Si ces exemples ne vous suffisent pas, promenez-vous donc un jour de grand vent. Vous verrez alors par vous-même que dans l'Empire du Soleil Levant, c'est surtout la Lune qui se lève.

L'usage du pantalon est absolument ignoré même de celles qui portent les culottes dans leur ménage.

Le croiriez-vous pourtant? C'est au nom de la morale, de la pudeur, de la décence outragées qu'une partie de la presse Japonaise s'est élevée avec véhémence contre l'exhibition de M. Kuroda. Oui, pour la première fois, nous avons entendu crier *Shocking* au Japon, et c'est à ce cri de ralliement que vient de s'organiser une véritable croisade contre le Nu au Salon.

L'autorité s'est émue de tout ce bruit fait autour d'un tableau, et M. Kuki, Commissaire Général de l'Exposition, a demandé à M. Ogawa, inspecteur de police à Kioto, de lui expliquer comment le Comité d'admission avait été amené à accepter la toile de M. Kuroda. Bien mieux, peu de jours après, le même

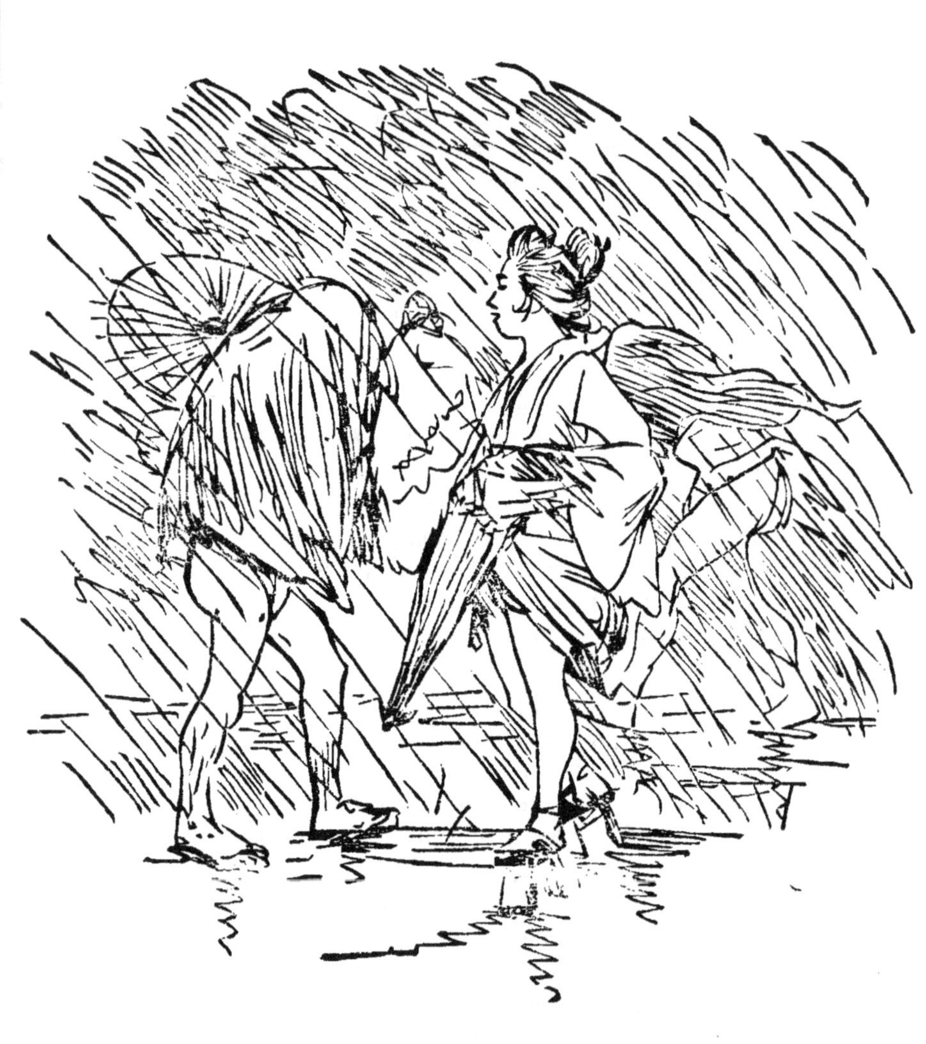

fonctionnaire donnait l'ordre à l'inspecteur de faire enlever purement et simplement le tableau *Shocking*.

Ecoutez la réponse de cet excellent M. Kuki, et voyez dans quel cruel embarras se trouve le pauvre homme.

« Ce n'est pas, dit le policier, parce que je partage les vues de M. Kuroda que je ne me suis pas opposé à l'exhibition de son tableau. C'est uniquement parce que, comme fonctionnaire, je n'ai pas trouvé de motifs suffisants pour exclure sa toile. On expédie tous les jours d'Europe au Japon de grandes quantités de statues nues en marbre et en bronze et des personnages de marque ne craignent pas d'en orner leurs halls et leurs salons Ce genre d'importation ne fera qu'augmenter par la suite. Si demain une Exposition Universelle s'ouvrait au Japon nous irions au-devant de sérieuses difficultés en nous avisant de proscrire le Nu. Une pareille détermination porterait un coup fatal aux collections d'objets d'art étrangers et pourrait même nous priver complètement d'une section des Beaux-Arts à notre Exposition. Au Japon d'ailleurs, des images bouddhistes et des dessins d'artistes comme Hikiesai Utamaru et Harunoba représentent des objets d'un caractère beaucoup plus douteux que le sujet de M. Kuroda. On vend couramment ces dessins des maîtres et ils sont partout reproduits. Pourquoi alors cette émotion autour d'une femme nue à Kioto ? Je n'en vois qu'une raison, c'est que les gens de Kioto n'ont pas encore eu l'occasion de voir ce genre de peinture. A Tokio, c'est bien autre chose ; le public de la capitale est plus avancé sous ce rapport et un pareil tableau ne provoquerait aucune surprise. Je dois vous dire qu'au sein même du Comité d'admission les avis étaient très partagés lorsqu'il s'est agi de la toile de M. Kuroda. J'ai fait part de mes vues à ce sujet à M. le Vicomte Enomoto (ministre du Commerce, de l'Industrie, et des Beaux-Arts) en lui déclarant que bien que ce tableau dût soulever de vives critiques dans le public je ne voyais, pour ma part, aucune raison scientifique ou officielle pour empêcher M. Kuroda de l'exposer.

Le Vicomte Enomoto a lui-même sérieusement étudié la question et a décidé en dernier lieu que rien n'empêchait l'exhibition de pareilles œuvres. Si toutefois l'administration pense qu'il est malgré tout nécessaire de faire enlever cette toile, je m'empresserai d'exécuter ses ordres. »

Telles sont les explications fournies par M. Kuki. Elles indiquent assurément chez leur auteur un naturel obéissant, mais elles ont le grand tort de ne pas mettre en relief les qualités d'un esprit ouvert.

Ce fonctionnaire se trompe, comme se trompe M. Kuroda, comme se trompent tous les Japonais de la nouvelle école, en insinuant qu'un avenir brillant est réservé dans ce pays aux productions artistiques de la vieille Europe.

Les tableaux européens, quelque beaux qu'ils soient, ne peuvent au Japon trouver accès chez les particuliers, par la raison bien simple que les particuliers au Japon n'ont aucun endroit où les mettre.

Les maisons sont en terre et les murs en papier. Dans un pays bouleversé plusieurs fois par an par des tremblements de terre, il serait fort imprudent de changer ce mode de construction économique et pratique. Les Japonais l'ont très sagement compris et le nombre de ceux qui possèdent des demeures européennes avec les salons et les halls que M. Kuki entrevoit dans ses rêves est très restreint. Je sais bien que tous les Ministères à Tokio ont été construits sur le modèle de nos différents départements ministériels, et que l'Etat peut loger à ses frais un certain nombre de toiles pour décorer les différentes salles de ces immenses casernes. L'Etat ne gagnera aucun lustre à ces sortes d'acquisitions et ne fera que payer très cher des peintres de Ministères qui ne vaudront jamais ses peintres en bâtiments.

Nous avons bien le droit, en effet, de nous récrier contre les prétentions très exagérées des artistes japonais. Ces Messieurs, afin que nul n'en ignore, ont pris soin, au Salon de Kioto, d'indiquer au bas de chacune de leurs œuvres la somme qu'ils en demandent.

C'est leur façon à eux d'exposer des toiles de prix.

Ils jonglent avec les dollars comme d'autres avec les boules. Derrière chaque tableau on voit poindre le pignon d'un hôtel, et ces gens qui ont soif d'art paraissent surtout altérés d'or. Au prix où est le riz au Japon on ferait vivre pendant une année une famille de dix enfants avec l'argent que coûte ici la moindre croûte. Croiriez-vous, par exemple, que M. Kuroda demande 3,000 yens, soit 7,500 francs, pour sa femme qui ne vaut certes pas quatre sous?

Je ne veux pas quitter cet artiste sans faire à son sujet un aveu important. Je n'ai pas dit de sa toile la moitié du mal que j'en pense.

Des souvenirs qui me sont chers me rattachent en effet à M. Kuroda. Je l'ai autrefois rencontré à l'armée mangeant du biscuit de soldat et croquant des généraux en grande tenue. Tout alors en lui annonçait un peintre militaire de race. Il portait de grandes bottes et poursuivait l'ennemi à coups de crayon. Il m'a trompé sur sa vocation et je lui en veux beaucoup.

Le trouvant hier sur ma route, une heure après avoir écrit ces lignes, je n'ai pu m'empêcher de lui donner un avant-goût de mes critiques.

Son visage s'est aussitôt éclairé, et sans me donner le temps d'achever il s'est écrié :

— « Vous avez dit du mal de moi ? Quoi donc ? Dites vite ! ».

— « Oui, j'ai affirmé que vous étiez un mauvais peintre. »

Il rayonnait. « Et quoi encore ? »

— « Que vous aviez exposé une horreur. »

Il exultait. — « Et quoi encore ? »

Que vous mériteriez le fouet pour avoir exposé une pareille ordure.

Il ne se tenait plus de joie. — « Et quoi encore ? »

J'ai jugé prudent de ne pas continuer, car je voyais déjà le moment où M. Kuroda allait m'embrasser pour avoir dit du mal de sa peinture.

Le lendemain nous avons déjeuné ensemble.

Il n'y a qu'au Japon où les rapports entre artistes et critiques soient empreints d'une pareille cordialité. Ici, les susceptibilités de l'artiste le plus chatouilleux s'évanouissent comme par enchantement devant une côtelette.

Qu'il me soit permis, en terminant, d'exprimer un regret. Je suis désolé d'ignorer la langue japonaise et le secret des caractères. Il m'aurait plu de m'armer d'un beau pinceau et de transcrire sur la toile à l'usage des générations Nippones le célèbre précepte du poète :

*Mon verre n'est pas grand mais je bois dans mon verre.*

Ce que je reproche surtout aux Japonais ce peuple si fier de sa politesse raffinée, c'est de boire à tout propos dans le verre du voisin. Cette fâcheuse manie finit par rendre tout à fait insupportables des gens qui ne seraient pas plus mal que beaucoups d'autres s'ils consentaient seulement à rester eux-mêmes.

Dans son livre si intéressant sur le *Japon Contemporain*, Jean Dhasp, ayant à juger avant moi les peintres japonais, s'exprimait sur eux en ces termes :

« Le Japon moderne aura beau faire, ce n'est pas en quelques années que se modifie le génie d'une nation, cette œuvre des siècles. Fabriquer un piano, posséder le mélange des couleurs, ce n'est rien : c'est là que finit le métier. Mais tirer du clavier l'harmonieuse expression des sentiments qui agitent l'âme

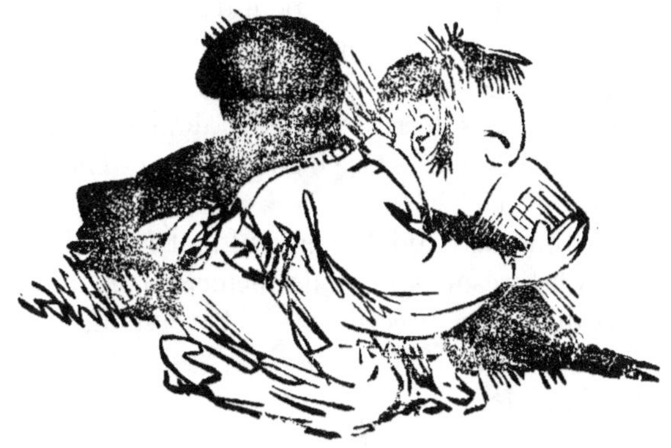

humaine, mais composer un tableau qui, par la pureté des lignes, par la magie du coloris, soit la vivantereproduction de ce que voient nos yeux, de ce que touchent nos doigts, c'est là que l'art commence.

« Les Japonais feront la première de ces choses, difficilement la seconde. »

Je sais que d'enthousiastes admirateurs du bibelot d'outre-mer n'assignent pas de limites au développement de l'art japonais qui, à leur avis, ne mérite pas seulement la première place dans le genre décoratif. Je me permets de recommander à ces apôtres d'une religion nouvelle l'appréciation suivante d'un critique étranger habituellement très favorable aux Japonais : « Quelqu'un disait un jour que le peintre Kyosaï a été le plus grand peintre de corbeaux que le Japon, et peut-être le monde entier, ait jamais produit. Cela ne rappelle-t-il pas l'épitaphe gravée sur la tombe de je ne sais quel artiste : « Ci-gît le Raphaël des chats ». Les Japonais sont, à n'en pas douter, des Raphaël de poissons, d'insectes, de fleurs et de gracieuses tiges de bambous doucement caressés par la brise. Mais ils n'ont jamais réussi à fixer sur la toile la « divine forme humaine » ; ils n'ont jamais su faire revivre, pour la postérité, les grandes scènes de l'histoire. Jamais, comme les grands maîtres italiens, ils n'ont détaché les hommes des préoccupations terrestres pour donner à leur âme, perdue dans une extase d'adoration, « l'éblouissante vision du ciel. »

Je m'en voudrais d'ajouter un seul mot à ces lignes si justes. Elles résument admirablement à mon avis les observations qui précédent sur l'évolution artistique du Japon moderne.

Kiôto, Juin, 1895.

Après avoir critiqué comme il convenait ces chefs-d'œuvre de médiocrité et de mauvais goût je me trouve bien à l'aise pour dire un mot des œuvres vraiment remarquables que contient l'Exposition de Kiòto. Le comité d'organisation dans son inconscience a admirablement fait les choses. Il a placé côte à côte les contrefacteurs de la peinture européenne et les artistes restés fidèles aux anciennes traditions. Le public n'a qu'une porte à franchir pour comparer le savoir-faire précieux des uns à l'écœurante maladresse des autres

Je connaissais M. T. Nashimura bien avant de connaître le Japon. M. T. Nashimura est un de ceux qui ont le plus contribué à faire apprécier en Europe cette fabrication de la broderie sur soie qui défie dans le monde toute concurrence. Il est un maître dans son genre et il faudrait des colonnes pour énumérer les pièces admirables qui sortent tous les ans de ses ateliers. Le pavillon des Beaux-Arts de l'Exposition n'existe en fait que par lui; il a marqué cette fois encore au coin d'un goût impeccable des œuvres maîtresses dignes en tous points du passé artistique du Japon.

C'est une légende boudhique qui fait le sujet de la pièce la plus brillante de la collection exposée par M. T. Nashimura. La déesse de la Bonté assise sur un rocher, les pieds reposant sur des lotus promène sur le monde en bas un regard de pitié et d'amour.

Elle est entourée de tous ses attributs mythologiques, et séduit tout d'abord par le charme pénétrant qu'elle répand autour d'elle. C'est une vision qui repose et qui éblouit selon que l'on regarde son sourire gracieux ou que l'on fixe ses voiles étincelants. Les couleurs qui entrent dans la composition de ce tableau — car c'est un tableau, et le plus riche en coloris qu'il soit possible de rêver — ne se voient que dans le ciel aux couchants si capricieux s'enveloppe tout à coup de nuages diaphanes. L'or, le violet, le rose se fondent alors et s'harmonisent en un tout merveilleux. Oui, c'est bien ainsi que dans nos rêves nous habillons nos déesses ! Mais au prix de quel travail, de quels efforts persévérants, de quelle patience peut on arriver à fixer un rêve sur de la soie? Seul, M. T. Nashimura pourrait nous le dire.

J'ai fort admiré également un sujet d'un genre tout différent épinglé avec une rare maestria sur le velours.

Chikudo, le célèbre animalier, nous montre un aigle qui emporte un lionceau. La lionne, sur un rocher, assiste impuissante au rapt de sa progéniture. Des éclairs sortent de ses yeux et les poils de sa moustache se hérissent comme des lances. La rage de la bête est admirablement rendue.

Tout à côté le temple de Kintakuji soutenu par d'énormes monolithes se mire dans les eaux tranquilles d'un étang voisin. Des canards au brillant plumage se trouvent là comme chez eux. Ils vont, viennent, se poursuivent et s'envolent dans un cadre d'une grâce infinie.

Maintenant, une scène de Arashiyama. J'ai vu au Japon bien des cerisiers en fleurs ce printemps. Leur « neige odorante » a couvert un instant la terre puis le vent a soufflé sur ces fleurs qui ont été emportées bien loin. J'en eus un gros chagrin. L'amateur qui se rendra acquéreur des cerisiers de M. T. Nishimura ne connaîtra jamais mes regrets. Il aura dans son salon un printemps éternel. De quels prodiges la soie est-elle donc capable ! Il ne lui suffit pas de nous montrer des fleurs, elle nous les fait encore sentir.

Il est impossible de parler des productions artistiques du Japon sans avoir aussitôt à la bouche le nom de M. S. Hayashi. Point n'est besoin de venir a l'Exposition — où il nous présente d'ailleurs de splendides collections d'œuvres d'art — pour connaître et apprécier M. Hayashi. Il suffit de parcourir ses magasins qui sont de véritables petits musées pour se rendre compte que l'Art a depuis longtemps fixé sa demeure chez lui. Dans cette cité dont on ne compte plus les innombrales marchands de curiosités, d'objets anciens et de pièces rares ; dans ce Kioto la patrie de tous les temples, M. Hayashi a élevé un temple au bon goût. Il en est le grand-prêtre et il surveille avec un soin jaloux les moindres détails de son sacerdoce. Aussi, quel régal pour les yeux que ces mille bibelots répandus partout dans un fouillis plein d'élégance. Que faut-il choisir dans ce paradis d'ivoire ? On hésite entre les cloisonnés de Chine, les faïences craquelées en terre de Satzuma émaillées de motifs si délicats, les incrustations sur fer et sur bronze, les laques inimitables dont la fabrication, hélas ! se perd de jour en jour. M. Hayashi est un démon tentateur et l'on ne sort de chez lui que pour y revenir.

Les vitrines de M. Kin-Un-Ken méritent elles aussi une mention spéciale. M. Kin-Un-Ken qui est un grand artiste ignore le mercantilisme. Les guides d'hôtel — cette peste du Japon moderne — qui touchent leur petite commission chez tous les marchands auxquels ils procurent des clients et qui prélèvent partout leur dîme, dans les temples et dans les auberges, chez les bonzes et chez les proxénètes, les guides d'hôtel ignorent et pour cause, la maison de M. Kin-Un-Ken. C'est le plus bel éloge que je puisse faire de ce fabricant qui n'a peut-être pas la clientèle de tous les globe-trotters mais qui peut du moins s'enorgueillir des commandes de tous les amateurs sérieux qui visitent ce pays. Respectueux des vieux modèles et uniquement préoccupé de reproduire les premiers maîtres, il ignore l'à peu-près et ne se soucie pas de fabriquer des objets d'art à bon marché.

A côté de son magasin il a eu la bonne idée de placer une annexe de son atelier. Là, sous les yeux des visiteurs travaillent sans relâche des ouvriers en cloisonné.

Le cloisonné est un grand dévoreur d'hommes. Ces gens courbés sur la besogne ne tardent pas a perdre la vue et la santé. On s'use vite dans le métier et l'on ne se doute pas des victimes que fait chaque année cette industrie. Faites vous comme moi expliquer par M. Kin-Un-Ken ce qu'exigent de soins, de patience, d'efforts persévérants la production en apparence la plus simple. Vous aurez rarement l'occasion de vous instruire sous un maître plus intéressant.

Je n'ai pas été étonné de trouver la foule réunie devant les vitrines de M. K. Inagaki. Ce fabricant de soie est universellement connu et apprécié. On me dit à l'instant qu'il est le fournisseur attitré de la Cour Impériale du Japon. J'en félicite bien sincèrement la Cour Impériale. M. Inagaki qui a fait en Europe et en Amérique de longs séjours parle couramment le Français, l'Anglais et l'Allemand. Les acheteurs trouvent un avantage réel à s'adresser a lui. Il n'a pas ici d'intermédiaires et se félicite de traiter directement avec sa clientèle Européenne.

Chaque année M. Inagaki expédie dans le monde entier des chargements de soies que se disputent les différents marchés.

J'ai eu la curiosité de visiter à Kioto ses magasins. J'en suis sorti comme d'une féerie les yeux éblouis. M. Inagaki apporte dans tous ses ouvrages une élégance, un fini, et surtout une variété qu'il est difficile de surpasser. Sa réputation s'est étendue jusqu'au Bosphore. Le grand-vizir visitant un jour le Japon eut le talent de découvrir M. Inagaki et le mérite de le nommer fournisseur de son seigneur et maître le Sultan. M. Inagaki travaille donc pour le Grand Turc. On m'assure qu'il n'a pas à s'en plaindre.

J'aurais visité cette Exposition de Kioto en aveugle si je n'avais eu la bonne fortune de rencontrer sur ma route un guide qui ne devait pas tarder à devenir pour moi un ami. Un jour que M. Katsoutaro Inabata m'accompagnait dans mes promenades à travers les différentes galeries de l'Exposition, je m'arrêtai devant une vitrine dont la disposition, le parfait arrangement, le goût exquis, le « chic » pour tout dire en un mot, devaient frapper les regards d'un Parisien. Du coup, je me crus transporté sur nos boulevards, car devant moi apparaissait cette science de l'étalage qui est la marque distinctive du commerçant français. Rangées sur plusieurs étagères se profilaient de longues lignes de bouteilles de toutes les formes et de toutes les couleurs, et tous ces beaux liquides avaient pourtant des noms barbares.

J'eus bien vite l'explication de l'énigme. M. Inabata, ancien élève du Gouvernement Japonais, fit jadis un assez long séjour à Lyon. Il a passé par les écoles industrielles de cette ville et a terminé ses études pratiques chez MM. Guinon Marnas et Bonnet. Jamais élève ne fut plus digne de meilleurs maîtres.

M. Inabata est aujourd'hui au Japon un petit personnage. Il mérite a plus d'un titre d'attirer notre attention.

Anciennement, on ne se servait au Japon pour la teinturerie que des couleurs végétales ; elles coûtaient fort cher. Les maisons Allemandes plus avisées et plus instruites que les maisons Françaises avaient bien vite compris tout l'avantage qu'on pouvait tirer d'une pareille situation. En peu d'années, l'Allemagne réussit a monopoliser, à son profit, tout le commerce de la teinturerie. M. Inabata à son retour de France prit à cœur de faire connaître la qualité vraiment supérieure des matières colorantes françaises et il ne négligea rien pour permettre à ses compatriotes de profiter des leçons de ses maîtres Lyonnais. L'industrie japonaise a pris de plus en plus l'habitude de faire usage des produits français. Aujourd'hui M. Inabata est le représentant au Japon de plusieurs grandes maisons d'Europe.

J'ai pris pour ma part un grand plaisir à m'entretenir avec ce Japonais que connaissent et estiment tous les Français fixés au Japon. Il m'a longuement expliqué ce qu'il lui a fallu dépenser d'énergie et d'efforts pour surmonter les obstacles que dressaient sur sa route des concurrents redoutables. Et il m'a dit en terminant. « Dieu Merci, je suis maintenant au bout de mes peines, mais je vous assure qu'au début j'ai eu affaire à des gaillards qui m'en ont fait voir de toutes les couleurs. »

Dans la bouche d'un teinturier j'avoue que je n'ai pas été surpris de trouver un langage aussi coloré.

Ceci maintenant est destiné à mes lectrices. C'est à leur intention que j'ai visité en détail l'exposition de M. Kattei Sowa dont les femmes, on peut le dire, ont fait la fortune.

Honni soit qui mal y pense !

M. Kattei Sowa est, dans son pays, un des princes du grand commerce et je connais peu de carrière aussi bien remplie que la sienne. Les soieries qui sortent de chez lui sont recherchées de toutes les élégantes, et je connais plus d'un mari qui dans son for intérieur maudit ce démon tentateur dont les brillants étalages attirent et fascinent.

J'ai rencontré cette année une Américaine millionnaire (vous ne me croiriez pas si je vous disais que j'avais rencontré une Américaine qui ne fut pas millionnaire) dont le voyage au Japon n'avait qu'un but : explorer dans tous les sens et fouiller dans tous les coins les magasins de M. Kattei Sowo que l'on connait aux Étas-Unis sous le nom du Paradis de la Soie.

Je renonce pour ma part à vous décrire les merveilles entassées dans les fabriques que dirige à Kioto et à Tokyo M. Kattei Sowa.

J'engage très sérieusement toutes les femmes dont les maris ne font pas les gros yeux devant les grosses factures à visiter en détail ces maisons rivales de leurs grandes sœurs d'Europe.

M. Kattei Sowa habite à Tokio, 9 Guinza Nichomé Kiobassikou. Lorsqu'on a fait le voyage du Japon on peut bien pouser jusqu'à Guinza Nichomé Kiobassikou. Ce n'est qu'un tout petit peu plus loin.

Ne vous effrayez pas des noms Japonais. Gardez vous bien surtout de sauter les lignes en m'entendant parler de la *Nippon Orimono Kaissia*, de Kiriu, près Tokio.

C'est tout simplement la plus grande fabrique de Soiries du Japon. Son Exposition à Kioto a fait sensation, et c'est à dessein que je l'ai réservée pour la bonne bouche.

Cette fabrique est montée par actions au capital de un million de dollars. Elle occupe une superficie d'environ quatre cent mille mètres carrés. Elle fonctionne avec 300 chevaux de force motrice dont 100 par la vapeur et le reste par l'eau.

Plus de six cents ouvriers et ouvrières sont occupés aux différents ateliers de moulinage, de teinture, de tissage et d'apprêt.

Le fondateur de cette vaste et magnifique industrie est M. Kirokou Saba, de Kiriu, qui appartient à l'une des plus vieilles familles du Japon.

La direction des usines a été confiée à M. Tokounaga un tisserand très renommé dont le nom fait partout autorité.

Enfin, M. Katsoutaro Inabata, déjà nommé, a perfectionné les différents systèmes de teinture de cette vaste entreprise.

A l'heure actuelle plus de 2.000 métiers mécaniques construits en Suisse sont en pleine activité pour la fabrication des satins de l'haboutaï, du kaiky, des velours et des rubans.

Deux hommes d'initiative bien connus en Europe MM. Abé et Niwa, de Tokio, sont chargés de l'administration générale de la *Nippon Orimono Kaissia*.

L'historique de cette fabrique n'est pas seulement intéressante elle est aussi par certains côtés absolument amusante.

L'an dernier, sur l'une des grandes scènes de Tokyo, on a pendant des mois joué avec le plus grand succès une pièce dont les cinq actes roulaient entièrement sur cette Compagnie de *Nippon Orimono Kaissia*. Le principal rôle de cette comédie à tiroirs puisque toutes les scènes se passaient dans un magasin était tenu par le célèbre acteur Sadandji. On m'assure qu'à la deux centième représentation de cette pièce les affaires de la Compagnie avaient doublé. Dans les annales de la publicité ce genre de réclame constitue assurément un record.

M. Francisque Sarcey n'assistait pas à la première de *Nippon Orimono Kaissia* et c'est vraiment grand dommage. Il eut suffi d'un de ses feuilletons pour sauver de l'oubli les épisodes amusants, les scènes poignantes, les situations dramatiques dont ne devait pas manquer une tentative artistique de ce genre.

Et puis, franchement, après avoir vu Sarah Bernhardt dans *Hernani* on doit se consoler difficilement de ne pas avoir applaudi Sadandji dans *Nippon Orimono Kaissia !*

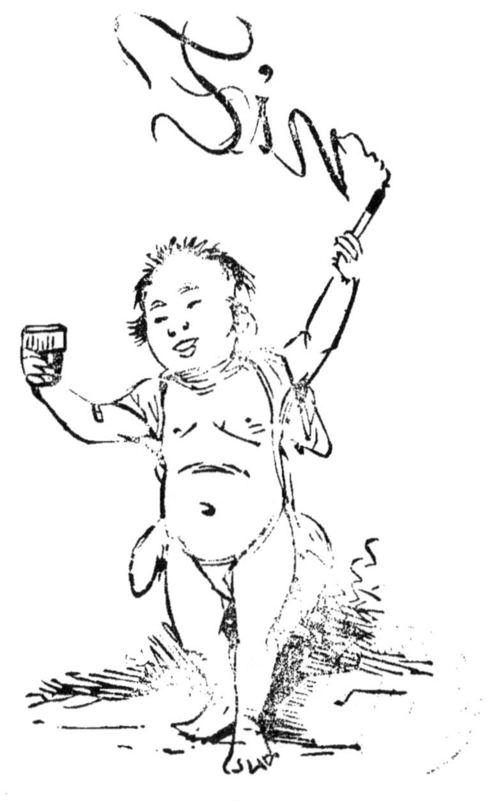

www.ingramcontent.com/pod-product-compliance
Lightning Source LLC
LaVergne TN
LVHW010000230826
846092LV00002B/569

*9782329487274*